消逝古国

寻觅古国废墟的中华文明

胡岳潭　著

台海出版社

目 录
CONTENTS

第一篇

西域古国

楼兰古国：沉睡在沙漠中的神秘古城 / 002

　　古城楼兰的历史 / 002

　　楼兰古城为何神秘消失 / 004

　　楼兰遗迹的发现 / 008

　　楼兰美女再现人间 / 013

西夏古国：一个不能被历史小觑的王朝 / 017

　　西夏帝国的传奇历史 / 017

　　黑水城的神秘传说 / 025

　　人类贪婪的本性打开"死亡之城" / 027

月氏古国：祁连山原始印欧人种游牧部族 / 030

　　月氏国的渊源 / 030

　　张骞与大月氏的不解之缘 / 035

　　贵霜帝国与月氏的关系 / 039

大宛古国：大宛和"汗血宝马"失踪之谜 / 041

　　大宛和大宛人消失到哪里去了 / 041

　　李白为"汗血宝马"赋诗 / 045

车师古国：厚重与空灵衔接之地 / 050

　　车师到底是一个什么样的神秘民族 / 050

　　交城为何没有城墙 / 051

车师人是白种塞种人的后裔吗 / 054

汉匈相争的牺牲品 / 055

高昌古国：火焰山南麓的古老王国 / 057

辉煌的历史 / 057

玄奘真的是个"偷渡犯"吗 / 062

"高昌吉利"的神秘密码 / 065

龟兹古国：艺术家眼中的"第二个敦煌莫高窟" / 067

龟兹古国神秘历史 / 067

龟兹与佛教有哪些历史渊源 / 071

龟兹古国为何神秘消失了 / 077

精绝古国："死亡之海"沙漠腹地下的神秘国度 / 079

尼雅和精绝古国的关系 / 079

精绝国有怎样的历史 / 081

精绝国是如何消失的 / 087

吐谷浑古国：曾与唐王朝并足鼎立的高原王国 / 090

吐谷浑为何长途跋涉远赴青海 / 090

吐谷浑国的建立和发展 / 091

一场战争怎样灭亡吐谷浑 / 099

乌孙古国：汉代连接东西方草原交通的重要民族之一 / 102

乌孙不为人知的历史 / 102

汉朝历史上第一位和亲的公主 / 106

乌孙为何会从史籍中消失 / 112

哈萨克族是乌孙的后裔吗 / 113

目 录
CONTENTS

于阗古国：驰名天下的"瑶玉之所在" / 115

于阗为何被称为"美玉之邦" / 115

于阗和"伊甸园"之间的秘密 / 120

第二篇

西南古国

古蜀国：青铜面具下演绎不朽传奇 / 126

古蜀神秘的历史 / 126

光辉灿烂的文明 / 128

神秘的三星堆是怎样消失的 / 134

滇国：云南古代少数民族建立的奴隶制帝国 / 140

滇国的历史 / 140

青铜文化因何成了滇国的名片 / 143

南诏国：百族聚居的边陲古国 / 147

"金瓶"中藏着的秘密 / 147

考古发现震惊世界 / 154

南诏国是如何建立的 / 156

大理古国：在正史与武侠世界中
      广为流传的国度 / 158

金庸小说中的"大理段氏"是真是假 / 158

大理皇帝为何偏爱出家 / 160

夜郎古国：因"夜郎自大"而人尽皆知的古国 / 169

　　"夜郎自大"的国度 / 169

　　夜郎的都城到底在何方 / 174

　　神秘的"套头葬" / 177

西陵国：华夏文明的另一条根 / 179

　　西陵国的三大谜团 / 179

　　华夏大地的第一夫人 / 185

庸国：开启中国古史宝藏的钥匙 / 190

　　盛极一时的古庸国 / 190

　　庸国是中华文化的源头吗 / 192

　　庸人到底去了哪里 / 196

　　庸国为何流行"悬棺"这种丧葬文化 / 197

第三篇

漠北古国

匈奴：称霸大漠南北的雄鹰 / 200

　　匈奴是如何崛起的 / 200

　　对于冒顿单于的挑衅，吕后为何忍气吞声 / 201

乌桓古国：威震四方的"天下名骑" / 209

　　乌桓的历史为何神秘 / 209

目 录
CONTENTS

乌桓铁骑威震中原 / 213

曹操是如何解决北方政权忧患的 / 215

第四篇

夷越古国

徐国：西晋、春秋时代的诸侯国之一 / 220

　　后羿是英雄还是野心家 / 220

　　徐偃王因何丢掉了江山 / 226

良渚古国：无限风光背后的历史记忆 / 228

　　良渚人属于哪个部族 / 228

　　良渚人用什么工具来加工玉料 / 232

　　良渚文化神秘失踪 / 233

闽越古国：烟瘴深处隐藏的悬疑 / 235

　　闽越人传承几千年的奇特习俗 / 235

　　闽越一共有多少王 / 239

　　无诸筑台与建都之谜 / 241

南越古国：岭南地区汉朝境内的割据政权 / 243

　　与中原王朝抗衡 / 243

　　南越王墓到底有多豪华 / 246

第一篇

西域古国

楼兰古国：沉睡在沙漠中的神秘古城

历史总是轻易地抛弃她曾经的宠儿。楼兰，这个昔日绿草遍地、人流如织的繁荣古城，在 4 世纪以后，却突然神秘消失了，留下的只是"城郭巍然，人物断绝"的不毛之地和待后人破解的千古之谜。直到 1000 多年之后，楼兰才终于回到了人们的视线里！而这一次，它是以一种突然闯入的方式再次登场，让世人为之惊诧不已。

它是被一个打着考古旗号行盗窃之实的瑞典考察队伍不经意发现的。20世纪初的一年阳春三月，瑞典探险家斯文·赫定闯入罗布泊，发现了消失了千余年的古城楼兰。100 多年来，考古学家和历史学家不断地破解楼兰之谜，但至今仍不知道是什么样的人建起了这座曾经繁华的城市，后来又不知因何变成废墟。

种种的猜测，无穷尽的假设，在显示了科学家探求未知的孜孜不倦的态度之余，却又勾起了人们探秘虚幻的猎奇心理。关于楼兰的谜团有许多，这些都是一个世纪以来悬而未解的疑点。楼兰古城，可谓一个活在历史与传说中的神秘国度。

古城楼兰的历史

在塔里木盆地东部，罗布泊洼地的西北边缘，有一个风沙肆虐的沙漠地带。著名的楼兰城的遗址就静静地躺在这个几乎完全被沙丘所湮没的、死寂的世界中。千年的烽燧、古怪的雅丹地貌、漫天的绝域风沙，还有时隐时现的罗布泊，交织构成了一个神秘莫测、充满异域风情的西部传奇。

楼兰属西域三十六国之一，是中国古代西部的一个小国。在《汉书·西域传》的记载中，楼兰也被称为鄯善，书中说："鄯善国，本名楼兰，王治扜泥城，去阳关千六百里，去长安六千一百里。"它西南通且末、精绝、拘弥、于阗，北通车师，西北通焉耆，东当白龙堆，通敦煌，是丝绸之路上的重要城镇。

根据史料记载，楼兰是在前3世纪时建立的国家，人口和土地稀少，楼兰在西汉时有居民14000多人，士兵将近3000人，所以军事实力不是十分强大，只好依附于实力较强的月氏，是月氏的一个属国。前177年至前176年，匈奴打败了月氏，楼兰又被匈奴所管辖。

汉代伟大的探险者张骞出使西域时，将西域诸国的信息带回到中原以后，楼兰才被人们逐渐了解。张骞将他在西域的所闻所见报告给了汉武帝，尤其是在讲到楼兰有着良种的大宛马时，汉武帝异常欣喜，于是迫不及待地多次派使节前往大宛、康居一带求购。楼兰处于运送这些马匹的必经之路，在汉武帝的威迫下，他们担负起了向这些汉使提供食宿以及粮草的繁重任务。楼兰王国是个小国，而且当时西域处于匈奴人的势力范围之中。因此，楼兰既不敢得罪汉人，又不敢得罪匈奴人，他们往往把一个儿子送到长安做质子，一个送到匈奴，冒着儿子被杀掉的危险，在大汉和匈奴两大势力之间，千方百计地维持着其政权的存在。说来，这也是一种小国政治上的悲哀了。

开通西域之后，汉朝的使者、官僚、商人就源源不断地从中原涌向西域这块神秘的土地上来。尤其是汉朝派遣使者来西域，楼兰境内的白龙堆沙漠就成了这些人的必经之处，为了讨好汉朝这个天邦上国，楼兰王国也担负起了向汉使提供向导和饮用水的任务。可是，好景不长，因为一些汉朝官员自认为是大国的官员，对这些楼兰人十分看不起，而且还渐渐地有了欺辱楼兰人、虐待楼兰向导的事情。楼兰人得知此事后觉得受到了极大的侮辱，于是就不再向汉使提供向导和饮用水。就这样，汉朝和楼兰之间的关系越来越恶化，终于，在汉昭帝元凤四年（前77年），楼兰王安归在匈奴的唆使下，曾几次攻杀汉使，掠夺财物，使得西汉皇帝非常恼火。于是，汉朝大将军霍光就派属下傅介子去杀楼兰王，到了楼兰后，傅介子拿出许多金银锦帛，假意要送给安归。楼兰王安归大喜，应邀与傅介子一起饮酒。傅介子有意灌醉安归，将其扶到屏风后，命两名刺客杀了安归。傅介子对各位王公大臣说："安归负汉，是大汉天子派我来杀他的，应该立他的弟弟尉屠耆为王，谁如不从，汉朝的大军马上就到！"

各位王公大臣见安归已死，而且汉朝大兵压境，反抗只是徒丢性命，迫于压力，只好服从了汉朝的意旨。

安归死后，汉昭帝即诏立曾在汉朝做质子的尉屠耆为新王，并改楼兰国名为鄯善，授予国印，赐宫女为妻及大批车马和辎重。楼兰古城成为古代丝绸之路的必经之路，在楼兰古城内"使者相望于道"，车水马龙、人来人往，贩夫走卒穿梭其间，俨然一派世外桃源的生活。

与此同时，繁荣的商业为楼兰带来了巨大的利润，使楼兰人过上了富足的生活。中原的商品和文化也借着丝绸之路传入楼兰，给楼兰带来了发达的物质文明和精神文明。楼兰此时已经成了西域的乐土，是无数人所向往的一片净土……

但是，似乎上天就是不允许人类或者是一个国家、部族如此无忧无虑地生息繁衍。由于西汉王朝在中原群雄混战中自顾不暇，所以就更没有实力和精力来顾及远在万里之外的楼兰的事情了。因此，楼兰也渐渐与中原失去联系而逐渐衰落了下来。400年，高僧法显西行取经，途经此地时，据说此地已是"上无飞鸟，下无走兽，遍及望目，唯以死人枯骨为标识耳"的一片荒原了。楼兰就这样无声无息地消失在了历史舞台上……

楼兰古城为何神秘消失

楼兰之所以神秘，之所以至今还被人们津津乐道，或许就在于它的出现和灭亡都迅速快捷、不为人知。楼兰的出现大约在前3世纪，所以我们可以从《史记》《汉书》等史料中看到楼兰的倩影；而在4世纪，它就神秘消亡了，因此《周书》成了最后一部对楼兰王国做了专门介绍的正史，人们似乎就只可以看到楼兰"城郭巍然，人物断绝"的废墟了。一个曾经声名赫赫的楼兰王国在繁荣兴旺了几百年之后就这么销声匿迹了，一个曾经融汇了东西方文化精华的楼兰文明也就此失落了。这也就使得许多学者、专家对此唏嘘不已。

回首楼兰的繁华，简直是一场无比绚丽的梦。罗布泊的西南岸，环绕地排列着一串大小不一的古城，它们是土垠遗址、营盘古城、楼兰古城、海头古城、米兰遗址、尼雅遗址等达数十个之多。还有，由东北向西南穿越罗布泊的长城

楼兰出土文物

楼兰出土文物

烽燧和屯田戍堡。这些以往繁花似锦的古城，就像是一颗颗明珠，被一条金丝给穿了起来，形成了一件天地之间无与伦比的美丽首饰。而且，楼兰位于丝绸之路的重要地理位置，传递着东西方文明，这就更给这份繁华锦上添花。据考证，楼兰运转丝织品数量巨大，有极为可观的人口和较为发达的农业经济。

然而，上苍似乎嫉妒了这个美好的楼兰，它的繁华不知为何成了刹那间的芳华，如美丽绚烂的烟花一样，一瞬即逝，转眼间，成了一片荒凉的沙漠瀚海……

对于楼兰城的消失，最盛行的说法是由于丝绸之路的变迁造成的。两晋之后，丝绸之路改走北道，中原在楼兰的驻兵和屯田事业也从此向北转移，所以，在这种情况下，楼兰古城便慢慢被废弃，最终销声匿迹。

也有人认为是战争摧毁了楼兰城。作为重地，历史上匈奴、吐蕃、月氏等国都曾统治楼兰。在楼兰城周边的多处墓地可以看出，在同一区域同一时期的墓地葬有不同的人种。有可能是楼兰被占领后，占领者实行了屠城，然后撤离，楼兰因此慢慢被风沙湮没。

但也有人认为，是瘟疫这个可怕的恶魔夺去了美丽的楼兰，杀死了善良的楼兰人。传说在沙漠中有一种可怕的急性传染病，叫"热窝子病"，顾名思义，只要有一个人罹患了这种可怕的疾病，就会传染给其他人，于是如果患病，就是一个村庄的病人；如果病死，也就是一个村庄的尸体。在巨大的灾难面前，楼兰人选择了逃亡，人们盲目地逆塔里木河而上，哪里有树有水，就往哪里去；哪里能活命，就往哪里去……

有的考古学者从考古方面肯定了这种"瘟疫说"。有人认为，从考古发掘来看，楼兰古城是突然间被废弃的。古城里没有战争的痕迹，也不像是人类渐渐迁移之后留下的遗迹。无论是珍贵的文献，还是各种财物，在楼兰古城的废墟中都曾被大量发掘。楼兰人之所以会如此仓促地离开家园，抛弃如此之多的财物，也许，只有可怕的瘟疫才能造成十室九空的景象，才能让人不顾一切地逃离。

除以上观点之外，还有两种针锋相对的猜测，一为楼兰毁于干旱，一为楼兰毁于洪水。持前种观点的人认为，楼兰为丝绸之路的必经之地，大汉、匈奴及其他游牧国家，经常在楼兰国土上挑起战争，使水利设施和植被受到严重破坏，3世纪后，流入罗布泊的塔里木河下游河床被风沙淤塞。据《水经注》记载，东汉以后，楼兰严重缺水。敦煌的索勒率兵1000人来到楼兰，又召集鄯善、焉耆、龟兹三国兵士3000人，不分昼夜横断注滨河引水进入楼兰缓解了楼兰缺水困境。但在此之后，尽管楼兰人为疏浚河道做出了最大限度的努力和尝试，但楼兰古城最终还是断水了。水资源的缺乏使得人们的卫生状况恶化，抵抗力减弱，于是瘟疫爆发，楼兰古城居民为了生存只得弃城出走，留下死城一座。在肆虐的沙漠风暴中，楼兰终于被沙丘湮没了。

与此相对的猜测是楼兰古城毁于洪水。有学者提出，原来在罗布泊洼地及其周边有大面积的森林，种类繁多的植被，飞禽猛兽出没于此，生态环境极为优越。可是，因为楼兰处于丝绸之路的要冲，为兵家必争之地。战争导致大片森林被砍伐，同时因地理位置优越，人口的增加使屯田开荒需要大量烧荒，手工作坊、民用炊火都要砍伐大量的林木。过度的采伐使自然环境遭到严重的破坏，致使水土流失淤积河道、湖泊，河床抬高、湖深淤浅。而天公不作美的是，恰巧在此时，塔里木河、孔雀河等河流水源充足。楼兰城的毁灭可能是当时某一段时期里罗布泊抬升湖水，导致水位上涨，向西漫延到楼兰城，同时楼兰城及周边地壳下沉，孔雀河与塔里木河等河流下游注入楼兰城致使楼兰古城中的百姓等俱成了鱼鳖。

不管是何种原因导致繁华一时的楼兰古城成为沙漠中的废墟，不可逆转的现实是，辉煌的楼兰古城永远地从历史舞台上消失了。漫漫黄沙遮盖了昔日绿洲上的城市，人们只能从那残存的遗迹中，追忆那流传千古不绝于世的神奇传说，魂牵梦萦那沉睡千年的惊世容颜……

楼兰遗迹的发现

在清末，自古号称万乘之国、大方之地的东方古国——中国引来了无数对她的文化、财富十分痴迷的西方人。这些西方人挖空心思地对这个古老的国家进行侵略、巧取、豪夺……有一个号称地理学家的西方人，无意中在西域的浩瀚沙海中发现了许多宝贝，他贪婪地将这些宝贝运回自己的国家后，引起了学

汉青铜酒罐　高 39.4 厘米

西汉彩陶　高 68.6 厘米

者的重视。这些学者通过分析和考证得出结论，这位地理学家发现宝贝的地方正是中国《史记》和《汉书》中记载的、在历史上赫赫有名后来又莫名消失了的丝绸之路重镇——楼兰！这到底是怎么样的一个过程呢？

1895 年 2 月，瑞典探险家斯文·赫定率一支庞大的驼队来中国的罗布泊地区考察，打破了罗布泊沙漠的沉寂。在考察过程中，队伍刚刚深入罗布泊不足 10 千米就遭风沙袭击，百十号人几乎丧失殆尽，亏得一只水鸟将他引至一小水潭边，他才幸免于难。从此赫定坚称："这里不是生命所能涉足的地方，是可怕的'死亡之海'。"但是斯文·赫定并没有畏惧"死亡之海"，不久，他再次率领探险队进入孔雀河下游的罗布泊荒原，这次他决意打通从中亚到西藏的道路。

斯文·赫定的第二次罗布泊荒原之行则充满了戏剧性：1899 年 9 月，斯文·赫定在瑞典国王奥斯卡和百万富翁贝尔的资助下，开始了对塔克拉玛干的第二次探险。斯文·赫定一行驾小舟沿叶尔羌河进入塔里木河，抵达若羌绿洲。1900 年 2 月，他又组织一班人马向罗布泊荒原进发，3 月 29 日深入到罗布泊西北岸。在完成考察湖泊游移项目起程退出罗布泊的前一天，中国维吾尔族的探险队员奥尔迪克发现用来挖水的铁铲丢在了前一夜的宿营地！茫茫沙漠，水是性命攸关的东西，而铲又是他们唯一的挖水工具。斯文·赫定不得不命令奥尔迪克回去寻找。奥尔迪克强忍饥渴立即出发，幸运地找到了这把铁铲。就在返回途中，突然狂风大作，飞沙打在脸上使他无法睁眼，他迷失了方向。当风暴停息之后，奥尔迪克面前出现了一些高大的泥塔和房址，起初他以为这是海市蜃楼，但走近一看，才发现这是一座被风沙湮没的古城废墟。映入他眼帘的，不仅有残垣断壁、巨大的房梁，还有遍地的碎陶片和浮露于地表的佛珠、铜钱等。

第二天，奥尔迪克找到了队伍。当斯文·赫定从奥尔迪克手中接过那几片残片时，有多年探险经验的他立即意识到，这很可能是一处使自己闻名于世的重大发现，斯文·赫定当场由于兴奋过度而惊叫起来。这位探险家用颤抖的手挥笔记录了这一心情："这些精巧的蜗卷纹和草叶纹雕刻使我眼花缭乱了，这果然是一片神奇的土地！"历史将铭记这一伟大的日子：1900 年的 3 月 29 日，这是一座充满传奇与智慧的人类文明宝库又一次回归历史舞台的日子。

《胡人呈马图》

　　尽管斯文·赫定当时尚不能完全断定这座荒废多年的古城究竟是什么地方，为什么又会被湮没在滚滚沙尘之中落得如此萧索的结局，但是职业的敏感使得他注定在历史上刻下了自己的名字。

　　伟大的发现总是伴随一些小插曲。由于他们所剩余的水已十分有限，而匆忙前往发掘是不可能的事情，为了生存，他们将考察楼兰的计划留到第二年春天。1901年3月，斯文·赫定迫不及待地重返沙漠中那座神秘的古城。但是事情并不那么顺利，他们面对的是一望无际、浩瀚如海的茫茫沙漠，上次因为机缘巧合而遇到的古城遗迹神秘失踪了！在苦苦寻找却毫无线索的情况下，斯文·赫定及其队友都打算放弃了。然而，命运总是喜欢开玩笑，就在这时奇迹出现了。斯文·赫定一行在疲惫不堪地穿越一片低矮的雅丹地貌区域时，发现了许多古代烽火台，这条烽隧线一直延伸到罗布泊西岸一座被风沙湮没的古城，这就是他们梦寐以求的那片废墟！

　　由于这一次带有明确的目的，他们立即"在泥塔底下支搭帐篷"，在古城内13个地点大肆挖掘起来。就这样挖掘了一个多星期，他们获取了大批汉魏古钱、一枚罗马钱币、一枚于阗钱币、各类精美的丝织品、颇具中亚希腊化艺术风格的雕花建筑构件。其中一件带有木雕小佛像的佛殿建筑饰件十分精美，迄今仍是中国境内发现得最早的佛像艺术品。最重要的文物当属那些魏晋木简残纸。魏晋书法真迹流传至今者寥寥无几，被历代收藏家视为珍宝，而赫定在遗迹里一次发掘所获就达150余件。

　　根据赫定带回的佉卢文和简牍上的"Kroraina"一词，德国语言学家研究

后确认：这片废墟就是在历史上赫赫有名后又销声匿迹的楼兰！消息一经传出，立即轰动世界。此后，楼兰成了塔克拉玛干沙漠著名的考古圣地之一，楼兰古物成为欧美和日本探险队激烈争夺的对象。1906年和1914年英国考古学家斯坦因两次到楼兰考察挖掘，发现了附近十几座城址、寺院、住宅遗址等。1909年3月，日本大谷考察队的橘瑞超进入楼兰，并发现距楼兰遗址40多千米处的海头古城，获得新的重要文物——前凉西域长史李柏的信稿。之后，美国的亨廷顿和瑞典的布格曼探险队先后到过楼兰，均有所发现。

就这样，楼兰，这个被沙漠湮没千年的文化古城，竟然被外国的盗贼率先揭开了它神秘的面纱。伴随着出土文物的不断增多，古楼兰的轮廓也渐次清晰地展现于世人面前。

楼兰美女再现人间

楼兰古城处于新疆地区的沙漠地带，异常干燥的气候，使得那些消逝于沙漠中的生命免于腐烂，从而得到完好的保存。随着考古发掘的逐步深入，楼兰古城也向我们展示了它创造的一个个惊人的奇迹。

1979年12月有考古学家在一个寸草不生的土埠顶上发现了古人活动的遗迹。后来经过考古发掘，在此处竟然发现了埋葬在地下的一座古代楼兰人的墓葬！考古队员在惊喜之余，加大了挖掘力度。在墓穴清理得差不多后，一具完整的古代楼兰女性的尸体出现在队员们面前。古代楼兰女性的尸体的发现，就像是一枚重磅炸弹，震惊了考古界，震惊了中国，更震惊了世界上的每一个角落！

通过出土资料的描述，可以知道这具女性干尸盛放在由两块掏空的树干制成的棺木中。她头戴尖顶毡帽，身裹毛线毡毯，脚穿补过的皮靴。外露的面容可以看出死者比较年轻，脸庞姣好，高高的鼻子，大大的双眼，长长的眼睫毛，浓密的金发卷曲在肩后。毡帽的尖顶两旁，插着色彩斑斓的翎羽，帽边饰红色彩绒，颈部围着毛茸茸的皮裘，既美观又保暖。日本人在得到消息后，马上根据照片为她做了一个复制头像，一时间，"楼兰美女"的称谓响遍世界。

实际上，这具干尸去世时的年龄在 35 岁左右，离"楼兰美女"的称谓还有一定差距，"楼兰美女"的称谓之所以广泛流传，是因为还有一个更为神奇、美丽的干尸曾被发现。

1934 年，瑞典考古学家贝格曼同斯文·赫定一起再次来到罗布泊，希望能有新的发现。奥尔迪克闻讯又主动赶来重归旗下。这时已 72 岁的奥尔迪克告诉斯文·赫定，他 15 年前，在罗布泊发现了一个"有一千口棺材的地方"。斯文·赫定感到吃惊和怀疑。虽然如此，他还是决定去找一下这个"奥尔迪克的古墓群"，并把这个任务交给了贝格曼去实施。

奥尔迪克和贝格曼用了两个月的时间寻找这片神秘的墓地。在一次次尝试失败后，奥尔迪克也拿不准了。他开始讲故事为自己开脱，他说那个"有一千口棺材的地方"已经消失在新形成的湖泊中了，那个地方是一个有魔鬼出没的地方，他不敢领别人到那里去。贝格曼开始怀疑是否真有这样一个地方。在灰心丧气时，考察队意外地拐向了一条库姆河的支流，这是一条没有名字的河，贝格曼随口把它叫作"小河"。他们谁也不会想到，随口叫出的"小河"，以后会成为罗布泊探险考古史上的一个关键词。考古队沿着小河边测量绘图边前进。这时已是 6 月，沙漠里的天气变得特别热，所有人都汗流浃背。就在这时，大家发现奥尔迪克有些异样，他迷迷糊糊地张望着，聆听着。然后，他一个人久久地凝视着那个浑圆的小山包，一言不发。突然，奥尔迪克指着那个小山包，大声说："那……就是它！"大家全愣了，一时没有反应过来是怎么回事，都面对小山包而立。

西汉彩陶鸭 左：12.7 厘米 ×6.4 厘米 ×15.9 厘米 右：12.7 厘米 ×7.6 厘米 ×16.5 厘米

　　那是一个埋葬在细沙中的山包，贝格曼和他的助手们在此发现了大量的棺木，留给世人无限遐思的"楼兰美女"也静静躺在那里。贝格曼记载说："一些木乃伊有黑色的长发和令人难以置信地保存完好的脸……一具女性木乃伊面部那神圣的表情永远无法令人忘怀！她有高贵的衣着，中间分缝的黑色长发上面冠以一顶具有红色帽带的黄色尖顶毡帽。双目微合，好似刚刚入睡一般。漂亮的鹰钩鼻，微张的嘴唇与微露的牙齿，为后人留下了一个永恒的微笑。这位'神秘微笑的公主'已经傲视沙暴多少个春秋，聆听过多少次这'死亡殿堂'中回荡的风啸声！而又是在什么时候，她面对明月，燃烧的太阳，永远地合上了双眼？正是为了寻找这样一些问题的答案，我才来到此地探险。"贝格曼并没有找到答案，他再也没有回到过这片让他魂牵梦萦的土地。在贝格曼之后，由于种种原因，再没有考古工作者或探险者到过这片神秘的土地。"小河墓地"在罗布荒漠的无边沙海中，沉寂了 66 年。

　　除了楼兰美女之外，在楼兰这块神秘的土地上还发生了一件令人匪夷所思的事情。2000 年 3 月的一个下午，新疆一支考察队来到著名的营盘遗址古墓群与小佛塔中间地带考察。考察队在一条干涸的小河道里，意外地发现了一具独木舟棺材。他们将这具奇特的棺木从河道里拉出来后，发现残棺仅剩 85 厘米长，50 厘米宽，棺帮厚约 2 厘米，估计此棺原长 3 米至 4 米，其余部分已断朽在地下。当时他们怎么也没想到，这具极为"普通"的残棺，竟是出自汉晋时代的稀世国宝——楼兰彩棺！这条干涸的小河道就是传说中"有一千口棺材的地方"！

彩棺通体以黄、橘红、褐、绿等色彩绘，绘有铜钱、花卉纹样，并以斜线分格，整个彩棺图案虽经近 2000 年的岁月，却如新的一般。彩棺两端绘有东方文明中代表日、月的"朱雀""玄武"。彩棺以具有古罗马艺术风格的绒毛毯覆盖，毯上的狮子形象夸张、色彩艳丽。极具考古价值的是，这具彩棺集中了东西方两大文明元素。由于考察队在进入楼兰遗址前就制定了纪律，不准带走任何文物，因此，考察队决定回到宿营地请示领导后再做决定，于是就把彩棺留在了原地。

在请示上级部门征得同意后，考察队派出一辆车返回原地寻找彩棺，可寻找人员在营盘遗址周围转了很多圈，也没找到那具彩棺。由于楼兰古城遗址是我国珍贵的历史文化遗产，为免遭人为破坏，新疆维吾尔自治区政府曾于1996 年专门发布了禁止到楼兰古城探险旅游的禁令，任何人员未经文物主管部门批准不得擅自进入。因此文物队决定先考察完周围的几个文物点，返回时再接着寻找。

然而出人意料的事还是发生了，当考察队考察完预定地点返回到那条干涸的河道边时，几个人走近寻找彩棺，不由得大吃一惊，楼兰稀世彩棺已神秘失踪。不久，考察队再度返回原地寻找彩棺，而且在遗址周围数千米内展开拉网式大搜寻，仍一无所获。考察队向上级汇报后，主管部门断定这具彩棺已被人盗走！后经数月查寻，稀世国宝楼兰彩棺仍下落不明。

西夏古国：一个不能被历史小觑的王朝

当我们踏上那片土地的时候，一切静默，留下的只有眼前被风雨蚀过的高大的黄土堆以及布满孔洞的断壁残垣，残留着党项民族的粗犷和曾有的帝王之相。黄昏的阳光洒在遗址间，投射着长长短短的斑驳阴影，那曾经的王朝基业、曾有的辉煌，一切都在金戈铁马、血雨腥风中随风而逝。

这片土地当年到底有着怎样的传奇事迹？这片土地当年孕育了一个怎样的国度？这样的一个国度又为何灭亡在历史的长河中了呢？

西夏帝国的传奇历史

西夏，是党项族于 1038 年至 1227 年间在中国西部建立的王朝。王朝的缔造者党项羌原居于黄河河曲一带，是诸羌族中的一支，北朝末年逐渐强盛。

党项族，最早居住在今天的西藏、青海、四川等省区的交界地区。在隋末唐初的时候，羌族中的党项族开始兴盛起来，他们以姓氏为部落的名称，过着原始游牧的生活，在党项族的许多部落中，尤以拓跋氏最为强大。

唐太宗贞观八年（634 年），党项族首领拓跋赤辞率所部归唐，以后其他各部首领也先后率所部归唐，唐将其分为 32 州，并授拓跋赤辞都督，同时赐皇姓"李"姓。黄巢起义爆发后，唐僖宗逃往了四川，党项族首领拓跋思恭纠集党项族及其他少数民族数万军兵，参加了镇压黄巢农民起义的战争。唐僖宗以拓跋思恭镇压起义有功，于 883 年将其晋爵为夏国公，再一次赐皇姓"李"。从此以后，拓跋思恭逐渐形成一支强大的地方割据势力，五代十国时期，他们乘乱扩张势力范围，不断地壮大自己的力量。

宋朝初年，拓跋思恭的后裔李继迁附辽抗宋，辽封李为西平王。由于受汉

西夏官员像

族封建政治、文化的影响，经过李继迁及其子李德明的继续发展，到李德明之子李元昊时，党项族已经基本完成了由氏族首领向封建地主的转变，迫切要求建立自己的统一政权，以保障其自身的利益。

1038 年，李元昊于都城兴庆府南筑台受册，即皇帝位，国号大夏。因其地处西北，又在黄河以西，所以史学家称之为"西夏"。西夏的政治制度基本上模仿北宋，中央行政机构有：中书省、枢密院、三司、御史台、开封府、翊卫司、官计司、受纳司、农田司、群牧司、飞龙院、磨勘司、文思院、蕃学、汉学等。

地方行政编制分州、县两级，在特殊的政治中心和军事国防要地有时也设郡、府。称帝后，李元昊为了提高自己的威望地位，派遣使臣到宋朝上表要求宋朝正式承认他的皇帝称号。这种请求当然没有得到宋朝统治者的批准，于是宋朝与西夏发动了战争。此时，西夏正处于上升时期，军心稳定，战士们个个在战场上英勇无畏，在战斗中占据着明显的优势。西夏的部队在 1041 年、1042 年与宋朝的两次交战中都大获全胜，在好水川和三川口大败宋军。面对强大的西夏军队，宋朝统治者无奈之下只得答应了承认李元昊为夏国皇帝的要求。

1125 年，金灭辽。宋室南迁之后，西夏对南宋、金都采取和好政策，并广泛引进汉族生产经验和技术，为王朝的政治、经济、文化发展都奠定了相当坚实的基础。当时，尽管形式上西夏必须向宋、辽称臣纳贡，实际上，它已经完全成为西北的一大军事强国。西夏当时的疆域"东尽黄河、西界玉门、南接萧关、北控大漠，地方万余里"，形成了宋、辽、夏三国鼎立的局面，此时的西夏王朝，也正处于它的巅峰状态。

然而，当西夏国的国力和统治疆域达到顶峰之时，也正是它走向下坡的时候。

　　西夏王国的衰落，是从另一个民族——蒙古的崛起开始的。西夏与蒙古的第一次接触发生于成吉思汗统一蒙古前夕。由于成吉思汗统一大漠草原的目标日益临近，他的地域也开始与西夏相邻。在两个利益集团的对峙中，战争是缺少不了的。因为西夏所处的地理位置是当时极其重要的战略地带，是蒙古、金必争的中间地带，所以就成为众多强国必争之地。另外，蒙古若想攻金，必须首先扫除西夏这个后顾之忧。西夏可以作为蒙古军很好的物资配备和兵员补充之地。基于这些原因，成吉思汗是没有理由不让西夏称臣的。

　　1205年，成吉思汗统军首次进攻西夏，从此拉开了六战西夏的帷幕。当时的夏桓宗李纯祐见蒙古军强大而惧战，蒙古军纵兵掠瓜（今甘肃安西东南锁阳城）、沙（今甘肃敦煌）等州。4月，因盛暑将至，蒙古军撤退后，这次战争以蒙古军的退败、西夏兵士的守城成功而结束。

　　可是，天之骄子的成吉思汗岂会甘心败给小小的西夏，他以西夏不纳贡为借口，于第二年亲自统军第二次进攻西夏。这次成吉思汗的军队势如破竹，颇有直捣黄龙之势。然而，西夏兵士也不是好惹的，他们顽强抵抗，成吉思汗不敢骤进，屯兵5个月后，因粮饷匮乏，于次年2月自引兵还，西夏又胜了。

　　几年后，成吉思汗率重兵第三次征讨西夏。蒙古军直抵西夏都城中兴府（今宁夏银川）外围要隘克夷门（今内蒙古乌海西南），包围中兴府。西夏襄宗亲自登城督战，蒙古兵屡攻不下。9月连降大雨，黄河水位暴涨，成吉思汗遣将筑堤，引水灌城，西夏兵民伤亡甚众。可是，有趣的是，当年12月，中兴城因水淹浸，水势泛滥，蒙古军亦难驻足。夏襄宗登城隔水与成吉思汗相见，面约和好，献女察合给成吉思汗，蒙古退兵。就这样，西夏又躲过了一场劫难……

　　1217年，蒙古西征花剌子模，再次向西夏征兵，西夏不堪征调，拒绝出兵。成吉思汗于是以西夏不应从征为由，率军四度攻夏。12月，蒙古军渡过黄河进入夏境，直抵夏都中兴府，夏神宗李遵顼仓皇出奔西京（即灵州，今宁夏灵武西南，一说西凉，今甘肃武威），留太子守中兴府。西夏马上遣使请降，由于成吉思汗忙于对花剌子模的征讨，于是命令退兵。但成吉思汗留下话说："待

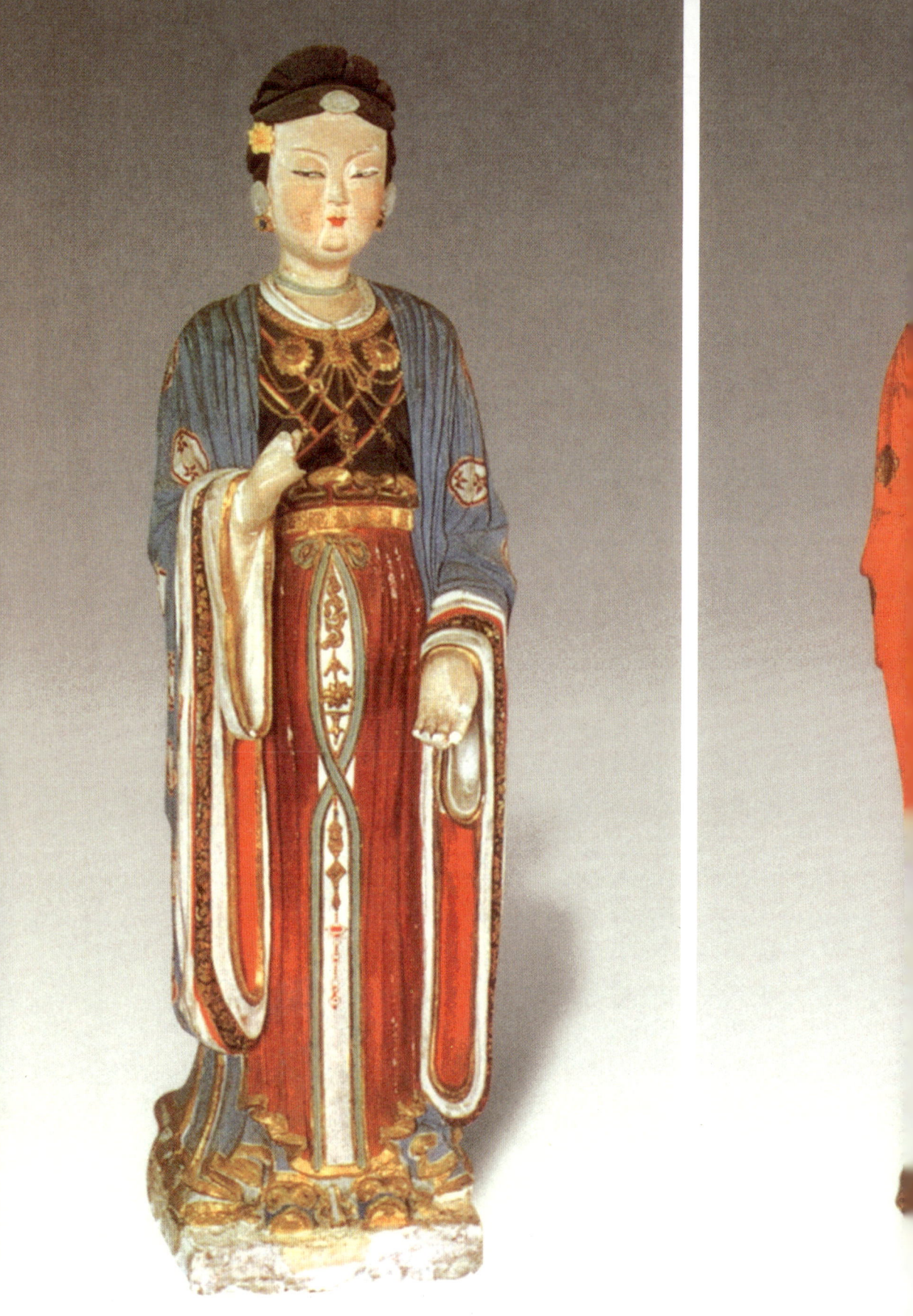

西夏女供养人塑像

南宋至元　银鎏金花鸟纹茶盏及盏托　8.3厘米 × 17.8厘米 × 8.9厘米

北宋　彩绘木雕文殊菩萨像（地黄木胎）　109.2厘米×58.4厘米

西征胜利归来，却再理会之。"

成吉思汗于 1226 年春以西夏拒绝出兵助战和不纳质子为由，分兵两路，东西并进，再次攻击西夏。成吉思汗在清水县（今甘肃清水县）西江得重病，然而天要亡西夏，蒙古人封锁消息，而西夏国守城统帅却在连年抵御后终为恐惧压倒，恰恰在成吉思汗死后一天，献城投降，蒙古人于是发了疯似的发泄失去一代天骄的郁闷情绪，屠城、杀戮、掘墓、焚书，"白骨蔽野，数千里几成赤地"。西夏王陵也未能幸免，曾经红墙绿瓦、角楼飞檐、阙台高耸、碑亭肃穆，更有那瑰丽的陵台、献殿，但所有的华丽堂皇都随着入侵者燃起的大火化为乌有，烧得毁的烧了，烧不毁的石碑都被砸断深埋。在历史上烜赫一时的西夏王国就此也就退出了历史舞台……

黑水城的神秘传说

黑水城遗址位于内蒙古自治区额济纳旗达来呼布镇东南约 35 千米、纳林河东岸荒漠中，是现今已知唯一一座用党项人语言命名的城市。过去这里曾经有相当大的水域，仅著名的古居延海，就有 726 平方千米。黑水城就在三面临水的绿洲之中。

党项人叫黑水为"额济纳"，黑水城就是额济纳城，而蒙古语里称为"喀拉浩特"。现存城墙为元代扩筑而成，平面为长方形，东西长 434 米，南北宽 384 米，周围约 1600 米，最高达 10 米，东西两面开设城门，并加筑有瓮城。城墙西北角上保存有高约 13 米的覆钵式塔一座，城内的官署、府第、仓廒、佛寺、民居和街道遗迹仍依稀可辨。

1226 年 2 月，黑水城经历了一场毁灭性的血战，如今黑水城外满地都是碎骨，半埋在沙土里，也许就是当年屠城时留下的。远处眺望黑水城外围高大的城墙，虽然历经了岁月的风蚀，却依稀可见当年整个城池的辉煌。

黑水城，又被称为"死亡之城"，据说，这"死亡之城"的来历还有一个惊心动魄的故事呢！

几百年前，在西夏国的军事重镇黑水城曾驻扎着一位"哈拉将军"，他的名字叫哈日巴特尔（蒙古语，意为黑英雄），同时也被人们称为"黑将军"。

这位"哈拉将军"武艺出众、兵法娴熟，在那时是个响当当的人物。由于哈日巴特尔骁勇善战，深得皇帝欢心，皇帝于是将自己的小女儿许配给黑将军做夫人。

可是，"哈拉将军"并不满意于做一个屈居人下的驸马爷，他还有着更大的政治野心。但是由于实力较弱、影响力还不够，所以"哈拉将军"选择了暂时韬光养晦、按兵不动。经过数年的苦心经营和不懈努力，终于，"哈拉将军"羽翼渐丰，权势强盛。此时，他也可以一展作为了。于是，"哈拉将军"开始招兵买马，积草屯粮，企图一统天下，称孤道寡。

然而，没有不透风的墙，"哈拉将军"的这一阴谋被公主得知，她便将黑将军阴谋篡权的消息报告了父皇。皇帝在盛怒之下派数万大军进攻黑水城，悬赏捉拿哈日巴特尔。但是大军对黑水城久攻不下，为不使黑将军逃脱，只好把黑水城围困起来。为了攻克黑水城，西夏皇帝请来巫师卜卦，巫师说："黑水城地高河低，围城官军在城外打井无水，而城内军民却不见饥渴之象，肯定有暗道通水，如果将这条水道堵截，则必胜无疑。"

于是，西夏士兵用头盔盛着沙土，在黑河上游筑起一道巨大的土坝，截断了城中水源。没过多长时间，城中储水耗尽，士兵饥渴难耐，只好在城的西北角打井求水，不料却滴水未见。黑将军看到城池危在旦夕，失败已成定局，决定与对手进行最后的决战。战前为防万一，他把库内所存的80余车黄金连同其他难以计数的珍宝全部倒入这口枯井中，又亲手杀死自己的妻儿。一切处理停当之后，黑将军便在城西北侧破墙打洞，率领士兵出战，身先士卒直冲敌营，经过殊死拼杀，终因众寡悬殊全军覆没，最后黑将军自刎而死……

现今在黑水城遗址西北角城墙上可以看到一个可容骑驼者进出的洞口，相传就是当年黑将军突围的洞口；在黑水城内偏西北的那个大坑，相传就是当年不曾出水却用来埋藏了全城财宝的那口深井；而被当地人称为"宝格德波日格"的那座高大沙岭，相传就是当年大军截水所筑的大坝。

西夏皇帝的军队攻陷黑水城后，将城池破坏殆尽，黑水城从此成为荒凉的废墟，被人称为"死亡之城"。

此后，邻近城池的汉人和当地的蒙古人曾多次前往黑水城试图发现这些珍宝，但不是无功而返就是神秘失踪，据说是黑将军临死前留下了致命的咒语。

当地人由于惧怕黑水城的鬼魂和咒语的魔力，尽量避免经过此地。因此"死亡之城"就显得更加神秘恐怖了……

人类贪婪的本性打开"死亡之城"

当一切的是非成败都随着历史的长河远去，当所有的荣辱兴亡都随着时间的流水浸没的时候，西夏这个在沙漠中沉睡了6个世纪之久的人类遗迹也早已淡出了人们的视野，就好像它只是惊鸿一瞥，不管当初的它有着如何恢宏壮丽的过去，不管当初的它有着怎样绚丽多姿的往事……

可是，神秘的东方对于那些贪婪的西方人有着太大的魔力了，一些人或是为了他们口中"高尚无比"的科学研究，或是为了中国大地上那些数不清的金银珠宝，一次次地踏上了他们的"东方寻宝之旅"！1907年，俄国地理学家，同时也是海军中校的科兹洛夫又组织了一次"死城之旅"，这是他第六次踏上中国的土地。本来，他将这次的探险目标定为青海以及四川的西部和北部地区。但是在次年，当他穿越戈壁时，忽然想起了14世纪著名旅行家马可·波罗在游记中曾经提到过的充满传奇色彩的黑水城。他立即决定前往这座传说中的"死亡之城"。

为能使自己顺利进入黑水城进行"考察"，他事先找到了黑水城当地的"管理者"

《金光明最胜王经》（西夏文）

《西夏译经图》

达希，并送给达希一些"名贵的礼品"。在达希的帮助下，科兹洛夫和他的4名考察队员"轻装"向前，很顺利地进入了黑水城，一场洗劫就这样无声无息却又"轰轰烈烈"地开始了……

科兹洛夫在1908年3月19日进入黑水城，并且以考古为掩护开始疯狂的发掘。他们在城内的街区和寺庙遗址上挖出了10多箱绢质佛画、钱币等文物。这些文物被运到圣彼得堡，文物中那些无人认识的文字和造型独特的佛像令俄国皇家地理协会当即做出决定：科兹洛夫探险队放弃原来入川的计划，立即返回黑水城，不惜一切代价，对此展开大规模的挖掘。

人心不足蛇吞象，也许，人性本贪婪吧。5月，科兹洛夫又从当地雇用了一批民工，开始了在黑水城的第二次挖掘。这是一次大规模的野蛮挖掘，"死亡之城复活了，一群人开始在这里活动，工具磕碰出响声，空气中尘土飞扬"。这次挖掘时间长达四周，当他们在距城西约400米处的干河床右岸打开一座大佛塔时，赫然发现竟是一个辉煌的"历史博物馆"。这是一个覆钵塔式建筑，里面秘藏着许多佛教塑像和成百上千的书籍、绘画、经卷等，这些重见天日的艺术珍品依然在废墟上闪耀着那个时代的夺目光彩。他不仅挖走了抄本书籍

带有西夏字符的青铜器，被用来发送紧急文件和信息

2000 多种，还挖走了 300 张佛画和大量木制的、青铜镀金的小佛像。

科兹洛夫在圣彼得堡展出了他从中国黑水城带回的文物文献，轰动一时。俄国著名汉学家伊凤阁在成堆的文献中发现了一册《番汉合时掌中珠》，原来这是西夏文、汉文的双解词典。科兹洛夫两次以驼背运来的，竟是中国中古时期西夏王朝 189 年的历史！

科兹洛夫是否为自己的野蛮行径感到过耻辱和悔恨，我们无从而知，但是心灵和舆论给他带来的巨大压力，也使得他在自己的考察笔记中这样写道："随着考察队与死亡之城距离的增加，不由自主的难过之情越来越强烈地控制了我。我仿佛觉得在这毫无生命的废墟中，还存留着为我所亲近、珍视以后将不断与我的名字联系在一起的东西，还有一些我舍不得与之别离的东西。我无数次地回望这座被尘土遮盖的城堡，在和自己'苍老的朋友'告别时，我带着某种可怕的感觉意识到，哈拉浩特城（黑水城）现在只耸立着一座孤零零的塔了，这座塔的内容已经无可挽回地死亡了——被人类的好奇心和求知精神给摧毁了……"

但是，在科兹洛夫的回忆中，更多的是看似极为享受怀念，实则恬不知耻的话语："在哈拉浩特度过的几天时间里，考察队收获的东西林林总总、五花八门，有书籍、信件、金属钱币、女性饰物、家具和日常生活用品、佛像以及其他物品，用数量来计算，我们这几天收获的是满满的、沉沉的 10 个邮箱的物品，后来，我们把这些东西寄给了俄国皇家地理学会和俄国科学院。""我永远不会忘记当我终于在一号废墟里发现一个佛像时的那种全身充满了惊喜的感觉。"……

失色的黑水城，成了今天那些仍然在关注着西夏文化的人们永远的痛。此外，就要被大漠掩埋了的它向人们证实着这样一个不争的事实：今天被湮没在沙海里的城池是西夏王国当年漂亮而发达的城市，而这里的每一个沙丘都是牧人们当年的家！

月氏古国：祁连山原始印欧人种游牧部族

1983 年，新疆巴里坤兰州湾，一位朴实的庄稼汉在耕作时，无意间的一铲，竟然挖出了一件长满绿锈的铜缶，新疆社会科学院得知后迅速派人进行实地考察，最终认定了这是一处人类文化遗址。1984 年正式开始发掘此地，并出土了数量可观的青铜器和大量陶器。2001 年，考古专家再次来到了巴里坤，进行了细致深入的调查。经过调查，专家们推测这可能是一处月氏人的遗址。

这个遗址的发现，也将人们的目光聚焦到了月氏——这个曾在秦汉时期出现在中原王朝史书上的西域古国上。这是一个怎样的西域古国？它为什么在后来的中原王朝史书记载中再无提及？强盛一时的贵霜王朝是月氏人的杰作吗？这些问题都值得我们去不断探究……

月氏国的渊源

月氏是我国古代西北地区古老的民族之一，它是个神秘的部族，考古学家和历史学家根据资料考证，认为其在商代时居住在我国西北。它在《史记》《汉书》中没有专门列传。我国的先秦文献提到过一些与月氏名称相近的居于西方的部落，例如《逸周书·王会解》中提到过"禺支"，《穆天子传》中提到过"禺知"。《管子·国蓄》称"玉起于禺氏"；《管子·轻重甲》则有"禺氏不朝，请以白璧为币乎……然后八千里之禺氏可得而朝也……然后八千里之昆仑之虚可得而朝也"的记载。其实，这里的"禺知""禺支""禺氏"等都是对月氏的不同音译而已，在本质上没有差别。

月氏民族早期以游牧为生，经常与匈奴发生冲突，其后西迁至中亚，开始发展，慢慢具有国家的雏形。但《乌孙传》《大宛列传》《张骞传》等传中保存了月氏早期历史的一些资料。月氏为游牧部落，"随畜移徙，与匈奴同俗"。《史记·大宛列传》说月氏原居于敦煌、祁连之间，《后汉书·西羌传》也说属于大月氏别种的湟中月氏胡，旧时居于张掖、酒泉之地。

西汉初年中原有关月氏的消息来自匈奴降人和匈奴的使臣。武帝以后，有关这个民族的准确消息主要来自张骞出使西域归来后的报告。张骞所提到的月氏故地敦煌、祁连均非汉语。敦煌应当与《山海经》中的"敦薨"为同名异译，有学者分析说这可能是"吐火罗"（Tokharoi）的音译，指今祁连山一带。

虽然通过张骞的出使西域，国内已经对月氏有了一定的了解，但是这了解也只是存此一论的，并不是全面的彻底的了解。月氏究竟是什么民族，史无明文。中国古籍如《魏略》称其为羌，《旧唐书》称其为戎。关于月氏的种族问题，在史学界就有着极为复杂的认识：有人认为月氏人是鞑靼族，有人认为是藏族，有人认为是日耳曼族的哥特人，有人认为是突厥族，有人认为大月氏与匈奴同种。

不光如此，人们对于月氏人的由来也有着许多种猜测。有人认为月氏人是土生土长的本地民族，有人认为月氏人是北方民族，有人认为月氏人是秦汉时从雁门西迁到河西的，有人以为月氏人是从塔里木盆地西南角帕米尔一带迁来的，还有人认为月氏人是从鄂尔多斯迁徙过来的。据史书记载，月氏人的活动范围，从天山中部一直延伸到贺兰山甚至黄土高原，但活动的核心则在河西地区。有人据此提出，月氏的故乡应当在天山北麓东段的巴里坤草原。但月氏人又不仅仅是游牧民族，他们过着一种筑城定居与游牧相结合的生活。

由于月氏没有文字，而且它本身的记录也不齐全，因此现在仍无定论。世界各国学者曾经从不同的角度研究月氏部落的来历。月氏人西迁建立贵霜王朝以后被称为吐火罗人。20世纪末在新疆南部的焉耆和库车发现了一种以印度婆罗谜字拼写的不知名的语言。经过学者们的研究发现这种语言不属于印欧语中的印度—伊朗语，而属于印欧语西支，操这种语言的人自己称之为吐火罗语。有些语言学家根据这一点，设想这种语言就是月氏人及其近亲部落的语言。

在前2世纪末的巴比伦史料记载中，提到过一个民族称为"Guti"，其主格形式为"Gutium"，他们从波斯西部的山区袭击巴比伦。在汉谟拉比铭文中，也提到了巴比伦四邻的民族，其中有两个，一个称为"Gutium"，另一个称为"Tukris"。有的学者认为，这两个民族在漫长的历史岁月中逐渐向东迁移，在我国西北地区定居下来，其中 Guti 人在河西，发展成月氏部落，而 Tukris 人则占据了今新疆南部的库车和焉耆，他们后来被称为吐火罗人。汉初以前大月氏在河西地区的居地"祁连"这个名称，就是后来的突厥语和蒙古语中 tengri（天）的音译，由此可推测月氏可能与这两个民族，尤其是操突厥语的民族有关。

秦朝建立后，月氏更为强大，所谓"东胡强，月氏盛"。当时月氏已经成为有"控弦十余万"的强大的游牧民族，在今天的民乐永固一带修建了都城。这一时期的月氏人在河西的统治处于全盛时期。与蒙古高原东部的东胡从东西两侧胁迫游牧于蒙古高原中部的匈奴。当时，匈奴的统治者头曼曾送长子冒顿为人质于月氏，并发动对月氏的战争，想假手月氏把冒顿杀害，从而立自己的小儿子为王位继承人。但是冒顿盗取了月氏的千里马逃回了匈奴。

回到匈奴的冒顿心怀怨恨，经过周密准备，于前 209 年射杀了父亲以及继母、同父异母的兄弟，自立为单于。前 203 年，就在刘邦刚刚建立汉朝不久，冒顿单于打败东胡，获得了胜利。解除东胡的威胁后，冒顿立即对月氏发起攻击。他没有忘记，自己曾经屈辱地被送到月氏做人质，还差点被月氏人杀死。

月氏原很强盛，因此轻视匈奴。匈奴于前 202 年举兵攻月氏，月氏惨败，不得不放弃河西走廊而向西迁徙。前 177 或前 176 年，冒顿单于再次击败月氏。据冒顿单于于前 174 年致汉文帝刘恒书中说："故罚右贤王，使至西方求月氏击之。以天之福，吏卒良，马力强，以夷灭月氏，尽斩杀降下定之。楼兰、乌孙、呼揭及其旁二十六国皆已为匈奴，诸引弓之民并为一家，北州以定。"月氏这次败后，更西迁到准噶尔盆地。这一部分西迁的月氏，中国史籍中称作大月氏。另有一小部分未能西迁，即南越祁连山，"保南山羌，号小月氏"，这部分月氏人日后长期留住该地，与青海羌人逐渐融合。河西走廊一带随后即被匈奴的浑邪王和休屠王占领。

后来，大月氏再度被匈奴与乌孙国联合攻击。由于作战不利，月氏国王被当时冒顿单于的儿子老上单于杀死了，而且老上单于还把月氏国王的头盖骨做成了饮酒的器皿，以显示自己民族的强大。"树倒猢狲散"，国王惨死于敌人

贵霜帝国壁画　57.5 厘米 × 52.7 厘米 × 6.0 厘米

贵霜帝国壁画　57.2 厘米 × 53.3 厘米 × 5.7 厘米

丝绸之路贸易中的阿富汗或中亚青铜　直径 19.5 厘米

之手，月氏人只有侧目而视，不敢奋起报仇，只好西迁来到粟特，在此休养生息、恢复元气，以求报仇雪恨。

张骞与大月氏的不解之缘

西汉初期，自高祖至文帝、景帝，匈奴一直是严重的威胁，在此期间，西汉对匈奴采取和亲政策。汉武帝即位后，西汉的国力大大增强，雄才大略的汉武帝一直想反击匈奴，彻底消除匈奴人对中原的威胁，可是苦于没有联盟之国。碰巧这时，汉朝的军队捉到了一个匈奴派遣在汉朝的奸细，这个奸细没有反抗就投降了，他还说当年有一个月氏国，跟匈奴发生了战争。匈奴王率部击败了月氏，杀死了月氏王，把月氏王的头盖骨做成了喝酒用的杯子。战败的月氏人逃到了西域，对匈奴王侮辱月氏先王的事深感屈辱，一直想报复。但是月氏势单力薄，自己不敢讨伐匈奴，又苦于没有盟友，因此复仇的心愿难以实现。

汉武帝听了这个匈奴奸细提供的消息后大喜，他认为大汉帝国在匈奴的东边，月氏在匈奴的西边，而且两国都和匈奴有着较大的仇恨，所以如果联合了月氏国，对匈奴形成了东西夹击之势，那么就算匈奴的武力再强大，也抵挡不住来自两个大国的打击的。

然而，问题又来了，当时汉朝的人们只知道月氏国在西域，具体在哪里，谁也不知道。又怎么能够找到一个合适的人选，去沟通月氏，商议共同对付匈奴的大事呢？更何况，在汉朝与西域之间，阻隔着强大的匈奴。也许不能走到西域，就被匈奴人杀了。因此，这个任务不但是辛苦异常的，而且是危险异常的，说不定，一旦出了大汉就永远也回不来，就得埋骨于异国他乡了。也正是由于这个原因，汉武帝很久没有找到出使月氏的人选。

这时，宫廷侍卫出身的张骞挺身而出了。张骞一向有着远大的理想和抱负，他不甘心只做一个小小的宫廷侍卫，他想要做出一番惊天动地的大事来。他觉得这是个建功立业的好机会，不但对中原有重要意义，而且也是可以彪炳青史的事，于是就毛遂自荐，请求出使月氏。汉武帝见张骞相貌堂堂，器宇轩昂，觉得这个人不错；又通过聊天得知，张骞侃侃而谈、语言流畅、条理清晰，是个做使臣的好材料。于是就委以重任，封张骞为使臣出使西域等国。为了安全

波斯商人和旅行使馆沿着丝绸之路运送到远东地区的玻璃容器　8.1 厘米 × 10.3 厘米 × 10.3 厘米

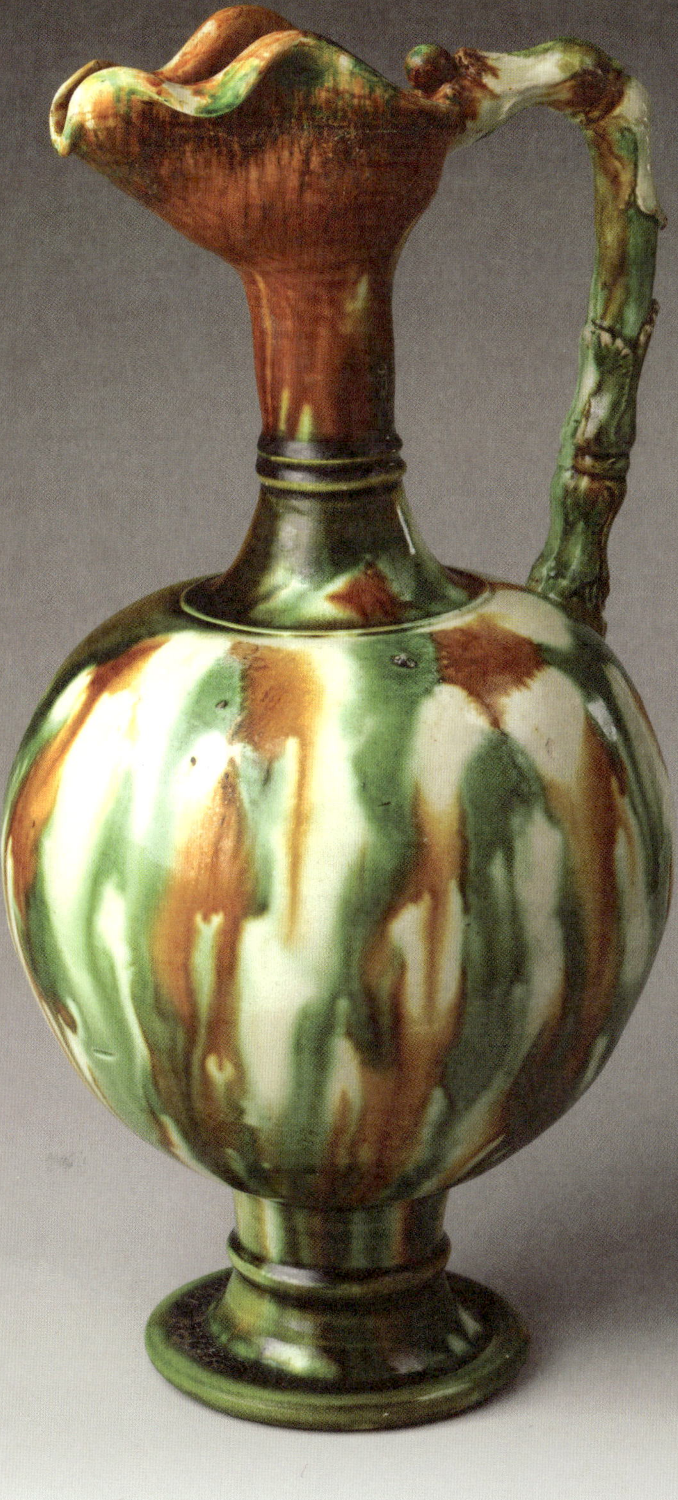

唐三彩　丝绸之路开通后，来自古代伊朗的产品　高 28.3 厘米

起见，汉武帝让归顺的匈奴人给张骞做向导，还为张骞挑选了100名勇士随行。

前139年，汉武帝建元二年，张骞率领百余人的队伍从陇西出发，觅途前往大月氏。

然而，天不遂人愿，张骞一行刚刚出了国境，来到了匈奴的地界，就被匈奴俘获，匈奴单于得知张骞要出使月氏后恼怒地说："月氏在我北边，你们汉朝想遣使从我头上过？我想出使南越，汉天子答应吗？"于是将他押送到漠北，逼他娶妻生子，希望消磨他的意志。在被扣押了10年后，前129年张骞得以解脱西行，但是这时的大月氏已经迁往阿姆河流域了，为了不辱使命，张骞穿越阿尔泰山，沿额尔齐斯河西行，经巴尔喀什湖北岸南下，来到费尔干纳盆地，找到了当时统治费尔干纳盆地的大宛国。张骞见到了大宛王，说明来意，大宛王派出向导送张骞到达大月氏。

张骞找到大月氏的时候，大月氏已经征服了阿姆河流域的大夏国，设王庭于河北，统治着跨有阿姆河两岸的原大夏国领土。由于阿姆河流域土地肥沃，大月氏人只图安居乐业，不再考虑向匈奴复仇之事，张骞在大月氏国逗留了一年多，最终没有使大月氏人答应与大汉结盟，共同打击匈奴。事实上，大月氏人离开伊犁河、楚河流域后，已不可能与西汉夹击匈奴。

张骞出使西域

张骞于前128年年底踏上归途。他取道喀喇昆仑和阿尔金山北麓，自罗布泊西南的楼兰，北上西北的姑师，打算穿越羌人居地回长安，但又被匈奴拘捕。这一次被扣留了一年多，幸好后来他趁着匈奴单于去世时发生的混乱才得以逃归。

张骞这次西行，到达了大宛、大月氏、大夏和康居等国家。他给武帝的奏折中，详细地讲述了西域的情况，完成了第一次中原和西域的沟通。这次对于西域的沟通，加强了西北边境少数民族与汉族的友好团结关系，为建立统一的多民族的国家打下了良好的基础。同时也促使了张骞的第二次出使西域。张骞第二次出使西域，发展了我国同中亚、西亚各国的友好关系和往来，促进了东西方经济、文化的首次交流，开创了"丝绸之路"这个对于全世界都有裨益的贸易之路、文化交流之路。

不过，令人感到遗憾的是，张骞出使西域的活动，最终没能联合月氏来夹击匈奴。但是话又说回来，单单是一个"丝绸之路"的贡献，要比消灭掉一百个匈奴这样的对中原存在威胁隐患的部落要伟大多了。

贵霜帝国与月氏的关系

月氏一度十分强大，有"控弦之士一二十万"。但其后屡次败于匈奴和乌孙，被迫不断西迁。最后在今天中亚的阿姆河岸站稳了脚跟。在前130年左右，月氏和塞种人共同也可能是相继向南进入了阿富汗的北部，灭亡了当时统治这里的希腊化国家大夏。大月氏征服大夏、建立王国后，月氏王亲辖巴克特里亚平原的沃野，而将东部贫瘠的山区分封五部翕侯治理。据《汉书》记载，这五个翕侯分别为：休密、双靡、贵霜、肸顿、都密。45年左右贵霜部落翕侯卡德菲兹一世消灭了其他翕侯，统一了月氏，建立了贵霜帝国。那么，五翕侯是月氏人吗？有专家认为，五翕侯无疑是月氏王分封的月氏人。正是五翕侯之一的贵霜部落建立了北抵咸海、南至恒河平原、西达赫拉特、东及葱岭，定都于今天巴基斯坦的白沙瓦，与大汉、安息和罗马并称为当时的四大帝国的贵霜帝国。

然而，有学者在深究汉文资料，并结合近期的考古成果进行研究后，提出了其他的看法。

这些专家认为，五翕侯不是月氏人，而是大夏人，是月氏王所扶植的亲奉月氏的大夏国原小长的后裔或亲族。据《魏书·西域传》记载，可以考定五翕侯领地都在东部山区，并非大月氏国的全部领地，大月氏王未必会将亲族置于这些贫瘠的地方，而很可能起用原大夏国的小长或其后裔来管理这些并非要害的地区。据《后汉书·西域传》记载："初，月氏为匈奴所灭，遂迁于大夏，分其国为休密、双靡、贵霜、肸顿、都密，凡五部翕侯。后百余岁，贵

月氏文化陶罐

霜翕侯丘就却攻灭四翕侯，自立为王，国号贵霜。侵安息，取高附地。又灭濮达、罽宾，悉有其国。丘就却年八十余死，子阎膏珍代为王。复灭天竺，置将一人监领之。月氏自此之后，最为富盛，诸国称之皆曰贵霜王。汉本其故号，言大月氏云。"

有学者根据以上史料推论出，大月氏王将大夏国臣民分为五部翕侯，并非大月氏族本身分为五部。月氏早在西迁之前就有以月氏王为代表的中央政权，当时匈奴、乌孙等游牧民族也都有自己的王，这种统一的中央集权制是与其他的民族和政权斗争的关键。月氏占领大夏后如果说是自趋衰弱，发生分裂，那是极为不可能的事情。无独有偶，就有学者根据《魏略·西戎传》记载提出，西汉哀帝元寿元年（前2年），博士弟子景卢受大月氏王使伊存口授《浮屠经》，这是在白纸黑字的正史上明确记载的，不可能有大的纰漏，所以月氏族分成五部之事也就成了无稽之谈了。

综上所述，贵霜王朝与大月氏王朝是两个不同的民族所建立的两个王朝，贵霜王朝是建立在大月氏王朝之后的由大夏人创立的王朝。

大宛古国：大宛和"汗血宝马"失踪之谜

"大宛汗血古共知，青海龙种骨更奇。网丝旧画昔尝见，不意人间今见之。"这是宋代名臣司马光为称赞大宛良驹"汗血宝马"而作的《天马歌》。由此可知，中国人对这种神奇的宝马的特殊感情了。十几年前，土库曼斯坦前总统将"汗血宝马"作为中土和平友好的象征赠送给我国领导人。土库曼斯坦前驻华大使卡瑟莫夫在接受采访时指出，"土库曼人将马视作亲人，并只送给最好的朋友"。他表示，送给中国的这匹马将成为"土中两国和两国人民友谊的象征"。然而，就是这种象征着友谊和和平的千里马，在历史上却曾引起过汉朝与其产国大宛之间的战争。

大宛是一个什么样的国家？它位于现在中亚的什么地方？让我们一起回到遥远的古代，来审视这段历史……

大宛和大宛人消失到哪里去了

大宛，西汉时期西域三十六国之一，都城为贵山城。它西北邻康居，西南邻大月氏、大夏，东北临乌孙，东行经帕米尔的特洛克山口可达疏勒，在当时东西交通上占有相当重要的位置。

大宛国的原始居民以塞种人为主，属于东伊朗人种。塞种人是前4世纪至前2世纪中叶生活在伊犁河流域和伊塞克湖沿岸地区的居民，是斯基泰人的一支。前8世纪至前7世纪，斯基泰人西迁时，塞种人在咸海沿岸滞留下来。后来逐渐东移，前2世纪，他们受到大月氏西迁的冲击，其中一部从锡尔河南下，在费尔干纳地区建立了大宛国。

另外，在西域还有一个小宛国，国都为圩零城，距离长安7210里，全国仅有 150 户，人口只有 1050 人，兵力则只有 200 人，属于农耕民族。它的具体位置在今天的塔里木盆地东南处且末县正南，位于喀拉米兰河北岸一带，比较偏僻。他们与大宛人一样属于塞种人，但与大宛国的统治者和人民并没有直接关系。

汉武帝时，张骞出使西域，于前 129 年至前 128 年抵达帕米尔以西，首先到达大宛。大宛国王听说汉朝物产丰盈，本想与汉朝交往，却因为中间被匈奴阻隔而未成功。他见到张骞后，非常高兴，便向张骞问道："你想到哪儿去？"张骞说："我为汉朝出使月氏，却被匈奴拦住去路。如今逃出匈奴，希望大王派人引导护送我们去月氏。若真能到达月氏，我们返回汉朝，汉朝赠送给大王的财物是用言语说不尽的。"大宛国王见张骞允诺报答，心中更为高兴，于是派人给张骞做向导和翻译，带领他到达康居。康居又把他转送到大月氏。虽然大月氏没有答应与汉朝夹攻匈奴，但是张骞了解了西域各国的情况，为以后汉朝与西域的交往奠定了基础。

张骞回到汉朝后，向汉武帝描述大宛的情况说："大宛在匈奴西南，在汉朝正西面，离汉朝大约一万里。当地的风俗是定居一处，耕种田地，种稻子和麦子，出产葡萄酒。那里有很多好马，马出汗带血，它们的祖先是天马的儿子。那里有城郭房屋，归它管辖的大小城镇有 70 多座，民众有几十万。大宛的兵器是弓和矛，人们骑马射箭。它的北边是康居，西边是大月氏，西南是大夏，东北是乌孙，东边是扜弥、于阗。于阗西边的河水都西流，注入西海。于阗东边的河水都向东流，注入盐泽。盐泽的水在地下暗中流淌，它的南边就是黄河的源头，黄河水由此流出。那儿盛产玉石，黄河水流入中国。楼兰和姑师的城镇都有城郭，靠近盐泽。盐泽离长安大约 5000 里。匈奴的右边正处在盐泽以东，直到陇西长城，南边与羌人居住区相接，阻隔了通往汉朝的道路。"

汉武帝听了张骞带回来的种种信息后十分高兴，尤其是他得知有一种"汗血宝马"后，就更为兴奋了。在西汉时期，作为主要交通工具和作战工具的马匹质量的优劣直接影响战争的进程和结果，所以当汉武帝听张骞说大宛盛产良马的消息时，决定引进这种良马。没想到，他的想法却引起了一场战争。只要是战争就有杀戮，没有赢家……

东汉时，大宛一度臣服于莎车国。西晋太康六年（285 年），晋武帝封蓝

赵孟頫、赵雍、赵麟所画《赵氏三世人马图（局部）》

西汉卧马纹银带饰　8.1厘米×14.5厘米

汉代镀金青铜马　高7.8厘米

庚为大宛王，蓝庚死后，其子即位，遣使向晋朝进贡。南北朝以后，大宛又被贵霜王朝的后裔昭武九姓统治。唐代，大宛被称为宁远国，或拔汗那。这一时期，宁远国频繁向唐王朝进贡，与唐王朝形成了密切的政治和军事联系。

1221 年，成吉思汗率领蒙古大军占领了今天的乌兹别克斯坦全境，当然也包括宁远国。蒙古人征服中亚地区几百年后，当地操突厥语的居民慢慢与蒙古文化融合，在今天的乌兹别克斯坦地区出现了一支叫作"月即别"的游牧族群，成为后来乌兹别克人的前身，其中就包括我们所说的大宛人。到 16 世纪时，经过金帐汗国等蒙古人建立政权统治时期，"月即别"人大量地南下、定居，并渐渐脱离了原来的游牧生活方式，在阿姆河和锡尔河流经的两河地区建立了许多水利灌溉工程，使费尔干纳盆地成为由一块块绿洲连成一片的农业王国。中亚学界普遍认为，"月即别"人进入河中地区后接受了定居的农业生活方式成为乌兹别克民族形成的标志。也就是说，中亚地区的绿洲经济将"月即别"人变成了乌兹别克人。

现在的大宛地区，属于乌兹别克斯坦共和国的领土。费尔干纳盆地则位于乌兹别克斯坦、塔吉克斯坦和吉尔吉斯斯坦三个国家交界处。在这里聚集了 100 多个民族。这里是连接欧亚的走廊，是东西方文化的撞击点，也是基督教、东正教等宗教文明的接合部。费尔干纳盆地的面积不大，居民总数却有 1000 万之多，养活了整个中亚地区 20% 的人口。当初的大宛人也成了乌兹别克斯坦人的重要来源。而大宛或者是大宛人，也就消失在历史演变的长河中了……

李白为"汗血宝马"赋诗

据《汉书》记载，大宛国贰师城附近有一座高山，山上生有野马，奔跃如飞，无法捕捉。大宛国人春天晚上把五色母马放在山下。野马与母马交配后，生下来的就是汗血宝马。汗血宝马肩上出汗时殷红如血，肋如插翅，日行千里。汉初白登之围时，汉高祖刘邦率 30 万大军被匈奴骑兵所困，凶悍勇猛的匈奴骑兵给汉高祖留下了极深的印象，而当时，汗血宝马正是匈奴骑兵的重要坐骑。

汉武帝元鼎四年（前 113 年）秋，有个名叫"暴利长"的敦煌囚徒，在当地捕得一匹汗血宝马献给汉武帝。汉武帝得到此马后，欣喜若狂，称其为"天马"，并作歌咏之，歌曰："太一贡兮天马下，沾赤汗兮沫流赭。骋容与兮蹢万里，今安匹兮龙为友。"

关于这神奇的汗血宝马，还有一个感人的传说：很久以前，在茫茫西域大漠中，一个骑士和他的宝马被困在了这不见人烟的瀚海之中。由于水早就断绝了，骑士的嘴唇早已经干裂得像枯树皮，他快走不动了。而那匹骑士心爱的宝马也是强弩之末，已经没有往日驰骋疆场、睥睨群雄的霸气了。骑士放眼望去，大海一样宽广的沙漠似乎没有尽头，而水源却依然没有找到。骑士回头看了看那匹忠实的爱马，心在痛苦地挣扎着。突然，他拿出了一把匕首，然后久久地凝望着宝马。宝马似乎明白了主人的心思，眼中全是哀痛，滴下了泪水。但它没有反抗，也没有逃跑，更没有惊恐，只是伸出它干燥的舌头舔了舔主人的手背。它愿意为了主人而牺牲自己。然而，匕首重重地落下，然后再迅速地抽出，紧接着一道红色的血液从血管里迸出时，宝马呆住了，因为，那鲜血是从骑士的手臂中流出来的。骑士将手臂送到宝马嘴边，说道："喝口吧，伙计！"宝马舔了舔主人的手腕，然后仰头一阵悲嘶，接着驮起骑士飞奔而去……终于，他们找到了绿洲，脱离了危险。后来，骑士发现，每当这匹宝马在急速奔跑时，身上就会渗出一片血色的汗珠。从此，这匹马的后代在狂奔之后，都会在肩胛部位流出血色汗水。

这就是汗血宝马由来的传说。当然，这只是一个民间的传说，其真实性还是值得商榷的，但是这个传说却反映了人们对人与马之间情感的认同、尊重，也反映出了人们对汗血宝马的喜爱。汉武帝对汗血宝马的喜爱或许超过每一个常人，他不是想要一匹或是几匹汗血宝马，而是想要成千上万的汗血宝马。他知道，仅凭借现在的一匹汗血宝马不能改变国内马的品质，为夺取大量"汗血马"，西汉政权与当时西域的大宛国发生过两次血腥战争。

最初，汉武帝派百余人，带着一具用纯金制作的马前去大宛国，希望以重礼换回大宛马的种马。使团来到大宛国首府贰师城（今土库曼斯坦阿斯哈巴特城）后，大宛国王也许是爱马心切，也许是从军事方面考虑（因为在西域用兵以骑兵为主，而良马是骑兵战斗力的重要组成部分），不肯以大宛马换汉朝的金马。汉使归国途中金马在大宛国境内被劫，汉使被杀害。汉武帝大怒，遂做

藏族马头防御　57.2 厘米 ×63.2 厘米

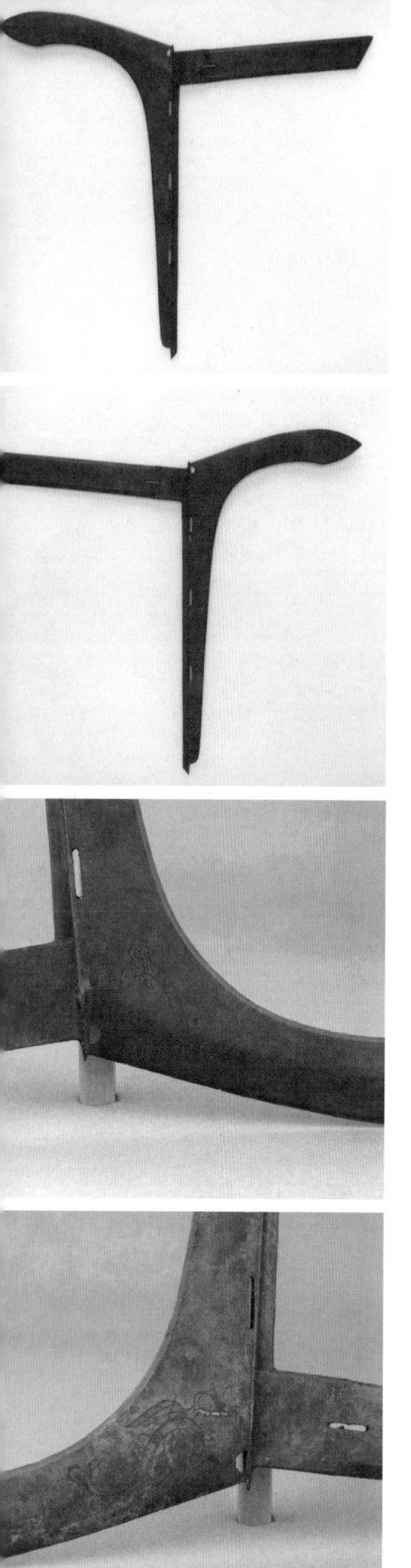

汉代兵刃 高 38.6 厘米，宽 41.6 厘米

出武力夺取汗血宝马的决定。

前 109 年，汉武帝刘彻任命李广利为贰师将军，领 6000 羽林军，发各郡国囚徒恶少共 2 万人开始了远征大宛的战争，由于出发前正值秋收，关东发生罕见的大蝗灾，集结到敦煌的大军没有充足的给养就踏上了征程。至于军粮，就沿途向西域各国筹集。有拒绝交粮的，一律视为大宛盟国，破其城，灭其族。李广利率兵到达大宛边界的时候，已经是初冬时节。由于水土不服，粮食缺乏，一路跋涉大漠荒滩，饿死、病死、被沙漠吞没的不计其数，2 万大军损失了一大半，马匹也伤亡殆尽。第一次围困大宛并没有取得预想的效果。在大宛军队的反击下，汉军往东方溃败，大宛骑兵一路追杀，汉军尸横遍野。最后只余李广利等几百人逃回了敦煌。

汉武帝闻报后大怒，他派出使者把守在玉门关，传令道："军队有敢进入关的，斩首。"李广利闻令恐惧，不敢入玉门关，只得驻扎在敦煌。汉武帝令桑弘羊负责军需，调集 20 万军士出征西域，同时，调用 10 万匹军马、10 万头牛和骆驼运输物资，还有 50 万只羊作为随军的肉食运往敦煌。这次出征吸取了上次的教训，未走前次经楼兰的老路，而是绕道盐泽以北，抵达了轮台国。并将拒不供给军需的轮台国屠城，城内能够被带走的粮食细软，全为汉军所得，其余房屋财产被付之一炬。轮台从历史上消失了。

轮台被汉军夷平的消息在西域国家中不

胫而走，沿途各个国家无不恐惧。对汉军需要的粮食和饮水，更是主动供给。在汉朝军队的威逼下，大宛的王公贵族们首先坚持不住，他们秘密派人联络李广利，表示愿意献出天马。李广利则明确要求：天马不仅要献出来，大宛国王和郁成国王也必须被处死。第二天，这两人就被叛变的大臣们绑缚到了汉营。汉军在大宛城下将两位国王斩首，向大宛索取了粮食，立亲近汉朝的眛蔡为大宛新国王，然后带上挑选出来的几千匹大宛马，踏上返乡的路途。但是，经过长途跋涉，到达玉门关时仅剩汗血马1000多匹。

这次战争使得汉朝的威望达到了新的制高点。西域诸国几十年中不敢妄动。后来班超出使西域，仅带几个人、几匹马就能降伏一个国家，甚至汉朝的使节可以随时废立其国君，调发几国军队攻打敌对国，没有一个国家敢不遵从。

汗血马从汉朝时进入我国一直到元朝，曾兴盛上千年，但是到最后还是消失了。不过几千年后，在中国百姓视野中消失了千年的"汗血宝马"，却成为与古代大宛所在国乌兹别克斯坦不远的另一个中亚国家土库曼斯坦与中国友谊的见证，或许，这才是汗血宝马真正的可贵之处。

诗仙李白就曾写过一首《天马歌》，从中我们可以深切地感受到"汗血宝马"的神韵和风采：

天马来出月支窟，背为虎文龙翼骨。嘶青云，振绿发，兰筋权奇走灭没。腾昆仑，历西极，四足无一蹶。鸡鸣刷燕晡秣越，神行电迈蹑慌惚。天马呼，飞龙趋，目明长庚臆双凫。尾如流星首渴乌，口喷红光汗沟朱。曾陪时龙蹑天衢，羁金络月照皇都。逸气棱棱凌九区，白璧如山谁敢沽。回头笑紫燕，但觉尔辈愚。天马奔，恋君轩，骏跃惊矫浮云翻。万里足踯躅，遥瞻阊阖门。不逢寒风子，谁采逸景孙。白云在青天，丘陵远崔嵬。盐车上峻坂，倒行逆施畏日晚。伯乐翦拂中道遗，少尽其力老弃之。愿逢田子方，恻然为我悲。虽有玉山禾，不能疗苦饥。严霜五月凋桂枝，伏枥衔冤摧两眉。请君赎献穆天子，犹堪弄影舞瑶池。

车师古国：厚重与空灵衔接之地

　　最早记载车师的是成书于前1世纪的《史记》："楼兰、姑师，邑有城郭，临盐泽。"而《汉书·西域传》记："车师前国，王治交河城，河水分流绕城下，故号交河。"历史上第一次指明交河故城就是一个被称为车师的民族的"国都"。

　　史料只言片语的描述，并没有给人们留下对于车师国的清晰轮廓，反而给它平添了更多的神秘，没有人知晓车师国到底发生过什么，有过多少王朝，只留下博格达雪峰下、黄土断崖上的交河故城遗址，在历史的长风中，森然兀立。然而，近年来不断在新疆吐鲁番交河故城附近发现的墓葬，给我们带来了接近历史真相的希望。

车师到底是一个什么样的神秘民族

　　车师初名姑师，始见于《史记·大宛列传》，谓其为临泽之国："楼兰、姑师，邑有城郭，临盐泽……当空道，攻掠汉使王恢等尤甚，而匈奴奇兵时时遮击使西国者……于是天子以故遣从骠侯赵破奴与轻骑七百余先至，虏楼兰王，遂破姑师。"

　　车师，既是在吐鲁番生活的民族的名称，又是在这一地区立国的国名。根据考古发现，我们可以看出车师是一个拥有大量羊、马、驼等牲畜的游牧民族，其活动范围从火焰山腹地一直深入到天山山脉的狭长地区。

　　车师人主要是以畜牧业为主，所以他们养成了喜爱肉食的习俗，这也体现出车师人的草原游牧文化的特色。考古工作者在新疆吐鲁番交河故城车师人的墓中，经常可以发现一个羊头、驴头或马头，还有的墓葬中放着羊腿，并且放置一把小刀，有的还直接把小刀插在一只羊腿上。在沟北的车师贵族墓地中发现了迄今为止新疆规模最大的古墓葬，出土了大量殉葬马、驼。这都可以明确地表明车师人独具特色的草原文化传统。

不但如此，车师人在游牧的同时也从事农业生产，由于吐鲁番盆地特殊的地理位置，造就了这里水草丰盈、雨水充沛的得天独厚的自然条件，非常适宜农业发展。而车师人就是凭借着这样的条件在这片热土辛勤耕耘、繁衍生息的。而据文献记载，西汉元帝初元元年（前48年），为了有效地管理广大西域地区，西汉政府在交河设置戊己校尉一职，而戊己校尉主要职责便是屯田积谷，这样便把中原农业耕作的先进技术带到了车师。在考古工作中，还发现在火焰山以北哈拉和卓的一座汉墓中的木棺下放着许多古代葡萄藤，还在阿拉沟一座车师人墓里出土了放在陶罐中的胡麻籽壳。这也就和历史的文献记载相吻合了。

而从交河出土的大量陶器，则证明车师人的制陶业也比较发达。车师人的彩陶上，绘有几何图案，质朴而独特，体现了车师人草原民族的审美情趣。

交城为何没有城墙

交河故城，距今2000年至2300年，由车师人开始兴建，是历史记载中吐鲁番第一个政治、经济、文化中心，从前2世纪到450年，为车师国都城，后为高昌国交河郡治所，唐时曾是安西都护府地，达到鼎盛。

交河故城是一座没有城墙的城，位于吐鲁番市西郊10千米的雅尔乃孜沟村的两河床之中，因为两条河水绕城在城南交汇，故名交河。而交城，又被当地人称"雅尔和图"，意为"崖儿城"。交城不是一砖一瓦垒起来的，而是在一块沟壑纵横的黄土台地上，一寸一寸掏出来的一座城，建于30余米高的一座柳叶形台地之上，四周崖岸壁立，崖壁就是天然的城墙。

城中布局紧凑，错落有致，城中多数建筑也是在原生土中掏土成墙、成室。高踞于市中心宽敞的台地上的是官署区；东城是曲径幽深、屋舍密集的居民区；西城是建筑简陋的贫民区和商市、手工作坊；南城是深宅大院、高楼宏宇的官僚居所；北城是寺院区、墓葬区。城内有大大小小的寺院50多座，可以

中亚壁画　52.3 厘米 × 52.3 厘米

中亚壁画　57.2 厘米 × 41.6 厘米

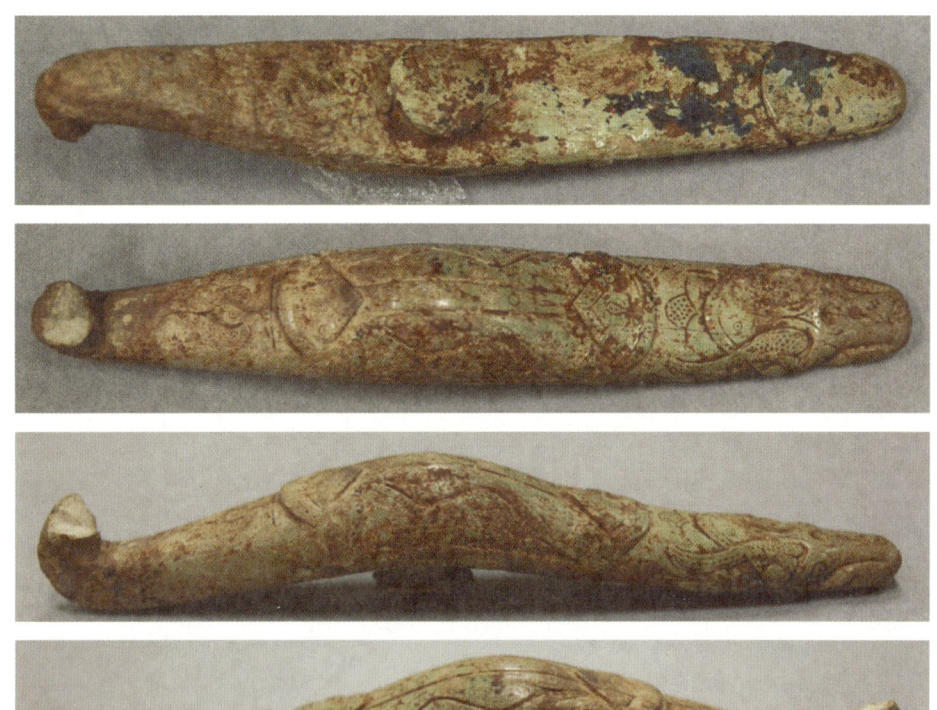

西汉皮带钩（骨）　15.9厘米×14厘米×2.2厘米

想见当时佛教的盛行。已查出的古井有300多口，井深多为40米。

交河故城的一种奇妙的建筑方式被称为"减地留墙"，据说，这种建筑方法在中国国内仅此一家，国际上也罕见其例，是迄今世界上最大、最古老且保存最完整的生土建筑。可以说，交城是一座向下发展的城市，整座城市都是从高耸的生土台地表面向下挖出来的，最深的有十余米高，比现在的3层楼房还要高一些。正因为如此，自19世纪以来，它的神秘传奇，吸引大批国内外探险家和考古学家纷至沓来探险寻宝和考古揭秘。

在交城遗址的上部，是距今2500年前古人掏出的洞穴式住房，而越往下，离现代越近，最底层是14世纪交河故城废弃时的遗迹。按照人类文化遗存一般规律，古代文明是呈正向层层累积叠压，老城死了，新城就在老城的遗骸上生长，而在交河故城却恰恰相反，交河的老城盘踞在新城的上面。

经过考古工作者的研究发现，原来，最先来到交河的居民，掏出半地穴式的洞，一个民族退出交河，另一个民族又潮涌而来，在原来的居址上再向下掏挖，又建成更大更完备的屋舍。再后来又有了安顿他们精神的家——寺院、佛塔，有了商市、手工作坊……

车师人是白种塞种人的后裔吗

虽然我们还不能确定车师人的族属，但有资料表明它与塞种人有千丝万缕的联系。据《汉书》记载，塞种人早在前5世纪至前3世纪的战国时期就在新疆活动。而塞种人进入吐鲁番的时间，正是车师人在这里活动的时期。

阿拉沟处在天山天格尔峰东侧，在古丝绸路上称为"天山道"，是天山山脉中段的一条不知名的小山沟，却也是一条历史悠久的古道。西行至吐鲁番后，从托克逊县城西行经伊拉湖镇到鱼儿沟镇，进入阿拉沟，翻越奎先达坂，经老巴伦台、尤尔都斯山间盆地北部、艾肯达坂、巩乃斯林场，进入伊犁地区，再经那拉提西行到达伊宁再与丝绸之路北道和新北道相连进入中亚地区。

阿拉沟最早的居民就是曾经驰骋中亚的塞种人，根据《汉书·西域传》的记载，前3世纪以前（战国时期）他们居住在阿拉沟向西到伊犁河谷的广大地区，塞种人势力强大，支属众多，有高尖帽塞种人、水边塞种人和牧地塞种人等。塞种人高鼻深目，身材魁梧。

20世纪70年代修建南疆铁路时，在阿拉沟河谷西岸，出土了一座震惊全国的黄金古墓，墓的主人是一位美丽的女子，她入葬时陪葬的有8块虎纹金牌、4条虎纹金带、1块金狮牌，还有一些金珠、金花等，一共200多件。圆形金牌刻着老虎形象，前腿举至颔下，后腿高高翘起，显得虎威逼人。有的金箔饰片上刻着狮子、熊等动物形象。从她所拥有的黄金来看，这位墓主人应是车师国中的显赫贵族。

而据外国学者公布的资料显示，塞种人王族曾享用各种黄金用具，腰带上挂黄金饰牌，人死后要用大量黄金制品入葬。由此可以佐证，车师人与欧洲的塞种人有某种习俗和文化上的内在联系。而经人类学家鉴定，古代车师人的头颅骨偏长，面形较狭窄，鼻子明显隆起，白种人的特征占的比重很大。但也有的车师人的头骨却显示出蒙古人种的特征。其实，这一现象也很好解释，由于古代新疆是欧亚大陆的交通要塞，无论是亚洲的蒙古人种，还是西方的欧罗巴人种，交流往来都要经过此地，必然形成蒙古人种与欧罗巴人种交叉聚合的人类学现象。

正是活跃在吐鲁番盆地和天山深处的塞种人，在这里留下了历史的足迹，不时地随着考古工作者的新发现，为今天的人们提供着更多古远的信息，为我们展示着车师人的生活风貌。

汉匈相争的牺牲品

交河建于战争的需要，终亦毁于战争。交河故城地处天山南麓，通达焉耆的"银山道"、西去乌鲁木齐的"白水涧道"、北抵吉木萨尔地区的"金岭道"，是兵家必争之地。中原王朝与匈奴在此多次交锋，前108年汉朝攻破车师，到前60年，西汉就与匈奴"五争车师"，战争以西汉的胜利而结束。450年，匈奴困车师国达8年之久，车师王弃城而走，从此，交河被并入了高昌，车师的名字从历史上消失了。

身处汉朝与匈奴两大强国之间，是车师人最大的不幸，也是车师国消失的原因。因为国力弱小，在夹缝中求生的车师不得不不断调整自己的立场，在汉匈之间不断摇摆。仅在西汉，它就曾数度归汉又背汉。

汉武帝元封三年（前108年），由于楼兰、姑师"苦汉使"，阻碍了西汉与西域之交通，武帝派遣赵破奴进攻姑师并俘虏了楼兰国王，从此楼兰倒向汉朝，而被击破的姑师北走越国库鲁克塔克山迁至今吐鲁番盆地，投靠匈奴，分布于博格达山南北，从此后姑师被称为"车师"。

车师北徙之后，占据了天山沟通南北的要道，对匈奴控制西域十分重要。昭帝时楼兰彻底臣服汉朝后，车师对匈奴的重要性更加突出。对汉而言，它则是西汉联络乌孙、打击匈奴的必经之路，因此，汉匈在车师展开了一系列的争夺。

武帝分别在天汉二年（前99年）和征和三年（前90年）两次在进攻匈奴的同时进攻车师，并于征和四年（前89年）占领车师。但是汉军并未派军驻守，

汉青铜老虎面具　4.4 厘米 ×5.4 厘米

汉军退走后，车师之地重新被匈奴占领。

宣帝时大举进攻匈奴，驻扎在车师的匈奴军队撤走，于是本始二年（前72 年）"车师复通于汉"。此举惹怒了匈奴，要车师王派太子军宿到匈奴做人质，军宿无奈逃至母家焉耆，在匈奴的控制下，车师王立乌贵为太子。乌贵为王后采取亲匈奴的立场，汉朝再次失去对车师的控制。

地节二年（前 68 年），汉军屯田尉渠，再次发起对车师的进攻，车师王乌贵降汉，不久乌贵逃往乌孙，于是西汉派兵驻守交河城，并在那里屯田。但是不久驻军与屯田士卒被匈奴逼退，于是西汉将车师国民迁至离都护住地很近的尉犁，并立前太子军宿为王，而匈奴也立乌贵之弟兜莫为王，将车师的遗民东迁。

由于车师之分裂为前后国史无明文记载，所以，汉匈分别立车师王，有学者认为当时车师王族已形成亲汉和亲匈奴两派，这也可以看作车师分裂的前兆。车师国最终分裂为车师前国、车师后国。车师后国后来又分裂为车师都尉国和车师后城长国。

74 年，窦固率兵进击车师，大破匈奴，车师前国、后国重新依附了东汉王朝。第二年匈奴又以两万骑兵大举进攻车师，无奈的车师人再次背汉，与匈奴组成联军攻击汉军，致使汉军几乎全军覆没。第三年，东汉再派 7000 余人进击车师，在交河城大败匈奴，车师又再次依附了汉朝。3 年内的数度叛降是车师人夹缝求生悲哀与无奈的真实写照。

450 年，匈奴人沮渠安周趁车师王车伊洛协助北魏出兵焉耆之时，围攻交河。经过 8 年的苦撑，车伊洛之子车歇终因弹尽粮绝，不得不突围投奔焉耆，车师国灭亡。此时距车师国始建于交河共历时近 800 年。

高昌古国：火焰山南麓的古老王国

这里是当年璀璨的丝绸之路的必经之地，记载着东西方文化的交融、文明的交汇；这里是古老的佛国，有着极为深厚浓郁、神圣虔诚的佛教文化；这里是火焰山下一处寸草不生的荒漠，却埋葬着一个辉煌王国的全部秘密、全部尊严。是的，这里无论曾经有着何其灿烂的文化、多么美好的文明都是过往的云烟了。现在，这里只剩下了千里大漠、万里黄沙……但是，无论多么广袤的大漠也遮挡不住它曾经的辉煌，多么深厚的黄沙也埋葬不了它往日的文明。它的名字将永远被历史所铭记……

这个荒漠中的古国是个什么样的国家？它叫作什么名字？它和玄奘法师到底有着怎样的渊源呢？它又为什么会被荒漠埋葬、消失不见了呢？

辉煌的历史

高昌城始建于前 1 世纪，初称"高昌壁"，在沟通东西方经济文化以及政治的重要通道——丝绸之路上起着不可或缺的作用。汉唐以来，高昌是连接中原中亚、欧洲的枢纽，经贸活动十分活跃，世界各地的宗教先后经由高昌传入中原，因此，可以自豪地说，高昌是世界古代宗教最活跃、最发达的地方，也是世界宗教文化荟萃的宝地之一。

高昌，曾是车师前部的领地，史载汉武帝刘彻派大将军李广利率兵远征大宛以求汗血宝马，然军队疲惫不堪大败而退，汉武帝大怒，下令不许汉军东返，进玉门关者杀。于是这支队伍来到吐鲁番，他们见这里气候宜人，又有天山雪水，李广利当即决定将军中病弱疲惫的伤员们集中起来在这里屯田。从此，他们便在这里定居下来。此后，高昌人口不断增加，经济日益发展繁荣，由于"地势高敞,人庶昌盛"而得名"高昌壁",汉人与汉文化随之拥入。

高昌古城,是高昌回鹘王国的都城,维吾尔语称亦都护城,即"王城"之意。它是世界保存完整的古城之一,位于吐鲁番市东45千米处火焰山南麓的木头沟河三角洲,是古丝绸之路的必经之地和重要门户。虽然历史的车轮无情地前进了2000多年,高昌古城也经过了2000多年的风吹日晒、雨打霜淋,但是,它的轮廓依旧清晰明了,它的城墙依旧气势雄伟。

高昌古城的布局可以分为外城、内城、宫城三部分,呈不规则的形状,所以能够看出这里曾经是一个规模宏大的贸易中心。透过它有12米厚,将近12米高,长达5.4千米的城墙,可以依稀追忆这里往日熙熙攘攘的繁华场景。这些城墙都由结实的夯土筑造而成,每层夯土厚10厘米左右。为了增强城墙的牢固性,每层夯土层之间掺杂少量的土坯。据史书记载,在高昌国的繁盛时期,这些城墙上曾经有过12重巨大的钢铁大门,比如"玄德门""金福门""建阳门""武城门",等等。高昌古城一共有9个城门,其中南面有3个城门,东、西、北面各有2个城门。西面北边的城门保存最好。外城西南和东南角保存两处寺院遗址,其中西南角的一所寺院,占地约1万平方米,由大门、庭院、讲经堂、藏经堂、大殿、僧房等组成,东南角的寺院尚存一座多边形塔和一个礼拜窟,是城内唯一保存壁画较好的地方;内城北部正中有一座不规则的小城堡,当地人称"可汗堡"。北部的宫城内仍存许多高大的殿基,从此可以验证当时有高达4层的宫殿建筑物。

历史回到629年,那时一个叫作玄奘的佛教徒,他为了寻找到心中真正的、纯粹的佛教教义,不惜冒着杀身之祸,偷偷离开长安,出玉门,经高昌,沿丝绸之路到印度,遍游今阿富汗、巴基斯坦、印度诸国,历时17年。在高昌,玄奘诵经讲佛,与高昌王拜为兄弟,留下一段千古佳话,令后人赞叹不已。

高昌有着丰富的民俗文化。高昌人十分爱好美食,擅于制作各类面食和牛羊肉,吃法花样很多,有些吃法至今仍旧留在民间。另外,高昌人的服饰也十分讲究。据隋、宋史书记载,高昌人讲究服饰,男子穿胡服缦裆裤,"伏剑骑羊势猛烈";妇女短袄华裙珠玉链饰,多美艳。驰名中外的高昌古乐,更是以浓烈的异域风情和丰富的艺术语汇在汉唐流行,被列入唐10部大乐之中。高昌王国鼎盛时期,还流行着汉文化。在高昌,汉魏儒家文化居主导地位。在当

《玄奘取经图》

唐天龙山第21窟彩绘石雕菩萨头像（砂岩） 40厘米×20.3厘米×19.1厘米

地汉族人叫三堡的地方出土的《尚书》《诗经》《孝经》以及大量壁画都反映出高昌的主流文化非汉文化莫属。更为重要的是，汉字作为各种官私文书的书写文字被高昌充分予以吸收，令人注目的阿斯塔那墓中还出土了让世人惊叹的《伏羲女娲图》。伏羲女娲均为人首蛇身，伏羲左手执矩、女娲右手执矩，二人相向而拥，下部为交缠状，周围饰以各种星相图。这与中原地区发现的伏羲女娲图是一致的。但高昌毕竟属于多民族交汇地带，车师、回鹘、突厥以至于后来的吐蕃、蒙古等多民族杂居，因此当地人会数种语言，语种形态丰富而有趣。由此可知，高昌的魅力，在于其深厚的文化底蕴，使之成为代表西域历史的典范和标本，也使得高昌这个名字永远地留在人类的记忆深处。

汉唐以来，高昌是连接中原、中亚、欧洲的枢纽，它既是经贸活动的集散地，又是世界宗教文化的荟萃地。当时波斯等地的商人，从他们国家带来苜蓿、葡萄、香料、胡椒、宝石和骏马，又从这里带走中原的丝绸、瓷器、茶叶和造纸术、火药、印刷术。与此同时，世界各地的宗教先后经高昌传入中原。当时的居民先后信奉佛教、景教和摩尼教，高昌成了世界古代宗教最活跃、最发达的地方。

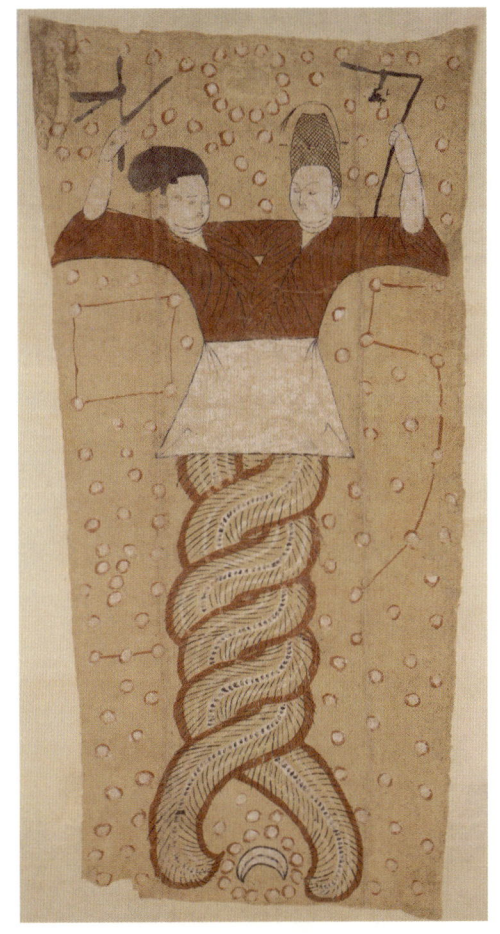

唐代伏羲女娲像

玄奘真的是个"偷渡犯"吗

佛教约在前 1 世纪传入高昌地区。当时高昌著名的高僧有道普、法盛、法朗、僧遵、法绪、智林、慧嵩等。他们或在本地修行佛道，或到中原传法译经，推动了佛教的传播和发展。

隋唐时期，佛教在高昌出现了日渐昌盛的趋势。据《续高僧传》记载，隋朝时，佛教的发祥地天竺有僧人来到高昌宣传佛法，并在这里的许多寺庙中游历讲经。那时的僧侣大部分都开始学习汉族的语言。隋炀帝就曾派遣汉族僧人道乘到高昌国，特意为高昌国王讲《金光明经》。到唐朝中期，佛教已经在高昌国达到了空前的繁荣程度，这种狂热的宗教信仰一直持续了几百年。

佛教在高昌古国的大发展也使这一时期的经文、经书空前丰富起来。现在已发掘的佛经残卷有《金光明最胜王经》《金刚经》等几十种不同的经文。另外，和佛教有关的雕塑以及绘画艺术也得到了长足的发展和空前的繁荣。这就使得许多僧人不远万里前来高昌学习佛法。

唐太宗贞观三年（629 年），即汉武帝的军队筑成高昌故城后 700 年，27 岁的玄奘为了探求佛法求取真经，踏上了西行的征程。和大名鼎鼎的《西游记》记载不同的是，这个名叫玄奘的"唐僧"既没有神通广大的孙悟空等人的保护，也不是被唐朝天子封为"御弟"堂而皇之地"西天取经"，而是"冒越宪章，私往天竺"。也就是说，玄奘违反了朝廷当时禁止百姓擅自西行的规定，是私自去往天竺的。他一个人孤零零地混在一伙四出逃荒的饥民之中离开长安，踏上西天取经之路。由此可见，玄奘法师对于佛教信仰之笃诚了。

其实，早在贞观元年（627 年），玄奘就有西行取经之意了，而且他还曾结侣陈表，请允西行求法，只是没有获朝廷批准。这就是说，后来名扬天下的大师，当时是一名地地道道的偷渡犯。没有唐朝的通关文书、没有寺院的证明文件，也没有任何权贵阶层的支持与举荐。唐僧曾被唐凉州朝廷地方官员下令捉拿、曾被玉门关外五个烽火台的守边兵士张弓放箭险些射伤，常常是昼伏夜出，惶惶终日。

可是，皇天不负有心人，玄奘终于逃出了边关守将的追捕，开始了他悲壮

唐三彩　高 13.7 厘米

的西行取经之路。然而，在取经的路上，并没有《西游记》中神通广大、三界之内无人敢惹的大徒弟孙悟空的保护，一切事情都得由玄奘这个手无缚鸡之力的和尚亲力亲为。除了面对官府的层层盘查之外，玄奘还要面对关外漫漫黄沙。一路上为他做向导的人，后来也打了退堂鼓，临走时，送给玄奘一匹识途的老马，并告诉他，如果在沙漠中走了四天后，能够看到一小片绿洲，就说明走对了方向。走进戈壁深处的玄奘在喝水时，又不慎把皮囊中的水全部洒掉了，没有了水的玄奘只得凭借着自己的信念坚持行走，但是最终还是昏倒在老马身上，不知过了多久，一阵凉风把他吹醒，他终于看到了那一小片绿洲，这就是富饶的高昌国。

高昌国国都寺庙林立，佛陀也极多，是一个笃信佛教的国度，平均每百人就有一座寺庙。高昌国共有僧人数千，但高昌王仍感到缺少有水平的高僧。高昌商人们在凉州听玄奘讲经后推崇备至，高昌王也有意接触一下玄奘。3年前他到长安朝贡时目睹了宏伟的寺院和博学的高僧，礼仪之邦的风土人情让他倾服。回国后他下令臣民都梳唐人发式。现在又来了一位大唐高僧，可以请他向国人弘佛讲法，这是一件多好的事啊！俗话说凡事可遇不可求，现在机遇到来了，高昌王亲自举着火把迎接他，并不顾玄奘路途劳累，兴高采烈地和他聊了一整夜，随后几天也是如此，高昌王每日在300名弟子面前跪地当凳子，让法师踩着他的背，登上法座讲经。

可是，他乡虽美，却没有自己的故土温暖，何况，玄奘还有着一个更伟大的目标和理想没有实现呢！于是，他婉言谢绝了高昌国王对他的盛情邀请，并且情真意切地阐述了自己热爱佛学，想要求取真经，而且要回到生养自己的中土去。国王听了玄奘的话，也有些动容，就想放玄奘出城。可是，高昌的大臣们却极力想要将玄奘留在这个国家中，他们想出了一个计策：将公主嫁给玄奘，让玄奘成为国王的女婿。或许，玄奘法师面对妩媚多姿的公主也曾经心猿意马，就像是在《西游记》中他与女儿国国王的那场相遇一样，可是，对于佛陀的虔心最终还是战胜了他的私欲，玄奘再次委婉地拒绝了高昌王。

俗话说"皇帝的女儿不愁嫁"，可是没想到高昌王却被玄奘给一口拒绝了，这也就大大地伤害了这个不可一世的君主的自尊心和虚荣心，他不由得怒火中烧，威胁玄奘说："法师面前有两条路，或者留下，或者回国，请法师三思。"

玄奘毫不犹豫地回答："君王留下的只能是贫僧的尸骨，绝对留不住贫僧的心！"为了能被放行，玄奘开始绝食，几天后，他已经是极度虚弱，气息奄奄，但仍旧没有放弃西行取经的信念。

就在玄奘的生命已经快到了尽头，气若游丝、命悬一线的时候，高昌国王终于不忍心看下去，也不忍心将这样的一个笃诚的佛教徒残忍地杀害于自己的国家中，于是就允许玄奘继续西行。玄奘深感于高昌王礼佛的虔诚和修业的诚意，答应他归来再访，并与高昌王结为兄弟。高昌王决定请玄奘升座讲法一个月，同时为他预备西行一切所需之物。临行前，高昌王为玄奘写了24封致西域各国的通关文书，还赠送了马匹和25名仆役，以壮行色。

"高昌吉利"的神秘密码

在中国新疆境内的考古工作中，考古学家黄文弼于1928年在新疆哈密吐鲁番发现一枚"高昌吉利"古钱。无独有偶，40余年后，西安何家村出土的唐代古钱收藏者的窖藏中也有一枚"高昌吉利"古钱。这种钱币迄今只发现很少的几枚，重12克左右，隶书旋读，古朴苍劲，在中国历史博物馆也有实物。"高昌吉利"古钱以其质朴敦厚的钱貌让人感受到西域古国浓郁的少数民族气氛。扑朔迷离的历史与残存遗留的旧址引发人们怀古幽思之遐想。

"高昌吉利"钱币是一种特殊的钱币，这种钱币在当时并不是在市场上流通的用来交换贸易的货币，而是类似于今天的纪念币性质的货币，用于赏赐或馈赠。由于"高昌吉利"钱币发现数量稀少，且绝大多数没有流通磨损痕迹，制作又极为精整，因此"高昌吉利"钱币无论是从工艺美术、考古研究的角度来看，还是从市场经济价值的角度来说，在今天都是不可多得的一种"宝贝"。

时间回溯到1973年前后，新疆维吾尔自治区文物考古工作队在吐鲁番阿斯塔那进行考古发掘，出土了大量的有价值的文物史料，其中除了古代官私文书、丝、麻、棉、刺绣、毛织品、绢画、壁画，各类彩色泥塑、陶制品、木器、漆器、铁器、石器、钱币，以及各种作物果品和面食点心外，还出土了一枚"高昌吉利"钱币，特别引起钱币学家们的关注。该钱币与黄文弼先生过去在吐鲁番收集到的那一枚相同。此钱在出土时，压于死者尸体之下，未经盗扰触动。与此同时，该墓还出土了一块唐代贞观十六年（642年）的墓志，因此，我们可以断定该钱应铸于麹氏高昌王国时期，从而，为我们解决"高昌吉利"钱长时期来的某些疑问提供了宝贵的实物资料。

对于钱币上的"吉利"二字，有人直观地认为是"大吉""大利"，具有祈福、吉祥的意思。但是，这种推断是与高昌国当时的历史文化状况不符的。据专家研究，高昌"吉利"钱币中的"吉利"二字，应为突厥语"ihk"或"ihg"的汉语音译，意思为"王"，我国古代文献上一般译作"颉利发"或"颉利"。因此"高昌吉利"应该是"高昌王"的意思。

麹文泰铸造钱币的目的，首先是加强王权的需要，是其在王国内彰显王权的最好方式。其次，高昌国是唐朝统治之下的附属国，在许多事情上都要听从唐朝的调遣。因此，在这一点上，高昌国王在心里是不服气的，但又不能表现出来。于是，麹文泰便想到了用铸造钱币的方法来显示自己的独立地位。

"高昌吉利"钱币是农耕的汉文化与游牧的突厥等文化相互间交汇、融合的结果。同时也向现代人反映出了高昌社会当时以汉胡交融为特色。透过一枚钱币，我们可以看出当时的民族、地域、文化、政治、语言、婚俗、丧俗、服饰等众多方面的特色。

鎏金叶形银盘　长 14.6 厘米

龟兹古国：艺术家眼中的"第二个敦煌莫高窟"

  这里是一片消失了千年的神秘土地，在这里，曾经生活着许多淳朴善良的人。可是由于种种原因，这个神秘的地方突然间就在历史的长河中消失不见了。当时间的车轮行驶到19世纪时，一个叫鲍尔的英国军官的到来却逐渐向世人揭开了这片土地的种种秘闻。鲍尔无意中从两个维吾尔族农民手中买下了几页写有特殊文字的桦树皮，后来，经证实这桦树皮是用婆罗谜字母书写的古代印度梵语，内容有关医药，时间在4世纪。

  很快，这份被称为鲍尔文书的手稿，在世界上引起了轰动。几页残缺的纸片，破解了一个千古秘密。一种死亡的语言被发现了，一个消失了1000多年的民族，若隐若现于塔里木盆地的绿洲之上。这片土地到底是哪里？人们在这块绿洲上做了什么？

龟兹古国神秘历史

  有人说，塔里木沙漠边缘的多个绿洲就像是被丝绸之路串联在一起的一串珍珠项链。那么，龟兹绿洲正是这串珍珠项链上的一颗珍珠。它并不是最大的绿洲，但却绝对是一个有特色的重要绿洲。从龟兹绿洲向西南走，是阿克苏、喀什，向东经过轮台则可到达焉耆、楼兰。从龟兹绿洲的水源地龟兹河逆流而上，就可进入天山中部的巴音布鲁克草原，继续前进，则是开阔的伊犁河谷。龟兹国就位于这样一个四通八达的交通要道之上。

  龟兹古代居民属印欧种，说印欧语系的龟兹语，汉文和佉卢文也曾在境内流行，佛教僧团兼用梵文。回鹘人到来后，人种和语言均逐渐回鹘化，进而演变成今天的维吾尔族和维吾尔语。

《虢国夫人游春图》

天寶蔡
張萱虢國夫人遊春圖

龟兹古国有着十分悠久的历史，《汉书·西域传》就曾对其有着明确的记载。据说，当时的龟兹已有 6970 户，81317 人，士兵有 21076 人，并设有各部千长等官职，已经建立了一个较完备的官僚统治机构。

　　龟兹国地处古代丝绸之路中沙漠绿洲之路北道的交通要冲，是葱岭以东古代西域的战略要地。有人曾对汉朝的皇帝说过："若得龟兹，则西域未服者百分之一。"可见，龟兹的战略位置的重要性。

　　对于龟兹的重要战略位置，其实中原王朝早就意识到了。为了有效地对西域各国进行统治，唐朝在西域建立了十分完善的军政管理机构，并实施稳定可行的民族管理政策。因为和中原王朝有着良好的关系，所以龟兹经常受到唐朝军队的庇护，远近的大小国家、部落都对龟兹畏惧三分，使得以龟兹为中心的西域地区开始繁荣兴旺起来。

　　当然，龟兹也曾对中原政权做出过较大的贡献。在唐朝国内爆发了有名的安史之乱之时，唐玄宗仓皇逃出长安，南下四川盆地。反叛将领安禄山、史思明率领的东北边疆叛军长驱南下，攻陷东、西两京。玄宗李隆基的儿子肃宗在灵武继位之后，调集西北边军勤王平叛，守卫西域的安西、北庭节度使属下的边兵也被大批调用，抗击安史反叛。正当双方的激战到了白热化的时候，龟兹国也参加到了战争中，龟兹的王子白孝德也率领龟兹的军队加入唐军，共同对付不可一世的安史叛军，由于这支龟兹生力军的加入，叛军节节败退，唐军最终一鼓作气，平定了安史之乱。自此，中原王朝和龟兹国的关系就更亲密了……

　　这以后，龟兹也进入了它的全盛时代。可是，好景不长，西域的外部威胁主要是大食和吐蕃，西域防御能力的衰退，给他们提供了入侵的时机。在吐蕃的攻击下，龟兹虽然经过了艰苦卓绝的反抗，但是由于力量较弱，还是被占领了……

　　随着时间的流逝，曾经生活在龟兹的人们放弃了各自的语言和生活习俗，在历史的长河中，他们相互融合，形成了新的民族——维吾尔族。从此，龟兹不再是一个独立、半独立的政权，先后成为黑汗、西辽、蒙古、元朝、察合台后王、准噶尔部等治下的地方行政单位。乾隆二十三年（1758 年），龟兹重新被纳入中原王朝版图，被定名为库车。

龟兹与佛教有哪些历史渊源

龟兹是古印度、古希腊—罗马、古波斯、汉唐四大文明在世界上唯一的交汇之处。印度和欧洲的文化沿着丝绸之路越过昆仑山脉和帕米尔高原后，在龟兹绿洲上四处扩散，和当地的各种文化相融合，汉文化也在龟兹被吸收、发扬。这使得龟兹人在这片神奇的土地上创造出了自己独特的龟兹文化。

然而，龟兹文化中占有极为重要位置的就属佛教文化了，可以说，正是由于佛教在龟兹的传播和发展，才造就了一个文化强盛、国家富强的龟兹。

由于印度佛教影响的不断深入和扩散，佛教已经不仅仅在印度本土上如火如荼地发展了，而是向着世界各方，尤其是东方诸国开始渗透发展，生根发芽。龟兹国是一个很早就开始信奉佛教的国家。我们现在已经无法知道是谁将佛法第一次带到了龟兹，也没人知道这位传教者来自何方，什么时候来到龟兹，又去向了哪里。我们仅仅知道，当佛教从古印度传到龟兹的时候，龟兹国的百姓虔心供奉，很好地滋养了这片佛光，并开始大规模地开凿石窟，以表达自己的虔诚。成吨的颜料被运送进石窟，画师们在石窟中忘我地绘制佛教壁画。龟兹成为佛教圣地，吸引着遥远国度的僧侣。就是在这里，诞生了一位著名的佛教徒，也是一位改变了龟兹的人，他的名字叫鸠摩罗什。

鸠摩罗什有着较为煊赫的家世，他的父亲鸠摩罗炎在印度曾世袭高位，后弃相出家，东渡葱岭，远投龟兹，被龟兹王迎为国师，并与国王的妹妹结婚，生鸠摩罗什兄弟两人。罗什自幼随母一同出家，前往印度研读佛经和梵文，后回到龟兹，在龟兹弘宣大乘经论，以其广博的学识，使听众大受教益，从此声名鹊起。罗什才智过人，精通梵文和汉语，同时研究天文学和太阳学，深受中原王朝器重。

401年，鸠摩罗什被迎往长安，58岁的他受到国师之礼，并开始译经。鸠摩罗什的翻译成就在当时是空前的，不仅在内容上第一次系统介绍了大乘性空缘起之学，而且在翻译文体上改变古风，开始运用达意的译法。他既博览印度古典，精通梵文，又有相当高的汉文修养，同时在文学上还有高超的才学和表达力，因此他所译经论不仅为汉地佛徒所诵颂，而且对佛教文学产生了重要的

图 1

图 2  　　　　　　　　　　图 3

图 1：克孜尔千佛洞（龟兹王国）壁画　23.5 厘米 x 13.7 厘米

图 2：龟兹壁画　49.2 厘米 ×29.2 厘米

图 3：龟兹壁画　41.6 厘米 ×24.8 厘米

彩绘侍女木俑　高 53.3 厘米　来自丝绸之路干旱地区的古墓雕像

影响。他为《维摩诘所说经》译文作注，出口成章，文辞严谨；他所作偈文，辞理婉约，韵味深长。

通过对400卷佛教典籍的传译和阐发，鸠摩罗什在中国历史上第一次把印度佛学按本来面目介绍过来，对六朝时中国佛学的兴盛和隋唐佛教诸宗的形成，起到了重要作用，对中国佛教产生了深远的影响。由此在中国佛教史上，确定了鸠摩罗什与玄奘、真谛并列的三大佛经翻译家的历史地位。

鸠摩罗什虽然还没有创造出一个独特的理论体系，主要是传播大乘空宗的思想，但当时大多数人在不懂梵文的情况下，往往把翻译看作一种思想理论的创立。因而，龟兹出生的鸠摩罗什，便起到了中国佛学理论奠基人的作用。

龟兹人还将佛教与龟兹音乐舞蹈有机地进行了结合，创造了辉煌的石窟艺术。虽历经劫掠，在龟兹国的故土上，现在仍存有500余佛教石窟，尚存壁画一万多平方米。其中音乐舞蹈种类众多，舞蹈姿态数十种。音乐舞蹈故事也很多，飞天、伎乐天、天宫伎乐形象突出。

另外，在中原僧人和龟兹人的交流中也擦起了夺目的文化火花。中国历史上的著名僧人玄奘从印度取经归来后，途经龟兹，因为久闻龟兹的佛教文化深厚，佛学人才济济，就特地来龟兹国中拜访，正好碰上了龟兹国盛大的节日——行像节。那时玄奘已经是赫赫有名的高僧了，龟兹国王邀请玄奘登上了城门上临时搭的木棚，和王后宫女一起观赏节日庆祝典礼。"行像节"，顾名思义，就是对着佛陀的画像进行参拜。行像节那天，一座高达三丈的巨大佛像立于四轮车上，由几个僧人缓缓推着，从城外向城门驶来。包括国王、王后在内的所有人都赤脚捧着一炷香走下城门，跪在佛像前，大礼参拜。而且，王后及宫女还从城楼上撒下五彩缤纷的花瓣，场面之热烈、氛围之和谐简直是无以言表。站在原地呆呆地看了许久的玄奘好一阵才回过神来，他也就随着众人合掌迎候，行礼拜谒。参拜了佛像之后，一番更为热烈的庆祝仪式开始了，只见城楼上各种乐器一齐响起来。男女老幼赤脚露膀，手拉手用水尽情互相泼洒，边浇边跳着舞，并用绳索钩套来往的行人，把水往他们身上浇去。原来，这就是龟兹国的"乞寒舞"。连玄奘也被国王邀请，脱去袈裟鞋袜，同大家一起且舞且泼，众人一团欢快，简直是到了佛家所说的极乐世界。以后，龟兹国的"乞寒舞"传到中原地区，再由中原地区传到云南一带，和中原的传统文化以及西南少数民族的文化相互融合、相互取舍，最终就成了著名的"泼水节"。

龟兹古国为何神秘消失了

库车县城西约两千米的皮朗村有一座古城，全城呈不规则形状，城墙高2米至7米，为夯土筑成，每隔40米左右有城垛一个。这座古城的周长近8000米，除东、南、北三面城墙尚可辨认外，西墙已荡然无存。

1985年，有考古学家在此城进行过发掘工作，出土文物有石器、骨器、彩陶片、铜件、汉五铢钱、龟兹小钱、开元通宝等。通过考古学家对历史史料的查阅以及这些出土文物的佐证，可以得出结论——这座古城就是龟兹古城。

龟兹国当年所在的绿洲，如今仍然一派生机，很多新疆人就在这里定居。那么，龟兹古城为什么会消亡呢？当年居住在龟兹古城中的人们又去向了何方？有人说，龟兹古城只有谜面，没有谜底，也许真是这样。关于龟兹古城的消亡，当地民间的传说甚多，虽然说法和情节各不相同，但时间却大体上都集中在回鹘称汗的时期。

据说，回鹘占领龟兹后的第一任可汗叫庞特勤，虽然他是第一个称汗的君主，可是都城的老百姓不满于外族对自己的统治，偷偷摸摸地进行着反抗。恰在此时，神秘的巫师开始流行，于是就有巫师预测，不久的将来龟兹城会经历一场惨烈的战争，而且这座城市会在战火中灰飞烟灭。而且，还有一种传言，都城就是灾域，不管谁称王，刀剑相残是免不了的，都是会经历一场劫难的……

龟兹是富饶之国，塔里木河也离得不远，只要有水，人们就能生存。人们开始偷偷商量着如何逃离都城。开始是一户两户，悄悄地往浅山的山沟里去。这并没有引起官府的注意。但慢慢地，迁走的人就多了起来，迁出去的居民能组成一个小村落，相互照顾。

最终造成了这件悲剧发生的竟然是一个名叫莎古克的骟马匠。莎古克也相信了巫师的话，认为战争的发生是不可避免的。于是，他也在一个月光皎洁的夜里，带上全家，悄悄地溜走了。骟马匠离城不久，可汗从乌孙弄到了一匹马，样子非常威武雄壮。可是这匹马异常刚烈、性情凶猛，许多人都劝王子不要轻视这匹马。可是王子从小说一不二，执意要骑。结果王子从马背上摔了下来，胳膊断了，落了个终身残疾。可汗大怒，责问有关人员何以不将这匹马骟了，宫里人报告骟马匠不见了，所以没有人能够掌握骟马这种手艺。于是，可汗派人寻找骟马匠，经过了一番搜索，骟马匠终于被发现了。

与此同时，这个出城居民居住的小村落也被发现了。可汗不仅处死了骟马匠，还关押了所有出城居民。

听到骟马匠被害的消息，老百姓更加相信巫师的话，他们在一些勇敢的年轻人的组织下，冲破了官府的阻拦，水一样地涌出城去。城市的存在，决定于居民，居民一去，城市的存在就没有意义了。可汗非常惊慌，于是召集大臣们研究对策。结果，就连龟兹的上层贵族也厌倦了这座都城。他们说："这座都城千余年来都是龟兹国的中心，你争我夺，流的血太多了，多得不忍心让人再看到它。过去，龟兹国是称王，可我们现在是称汗，这就证明了龟兹国已经消亡。我们不想步龟兹国的后尘，我们回鹘应该以新的面貌出现，而不应该守别人的烂摊子。"于是，迁都的决策终于决定并以极快的速度昭示龟兹百姓。这一举动得到了民众的拥护，于是，百姓不再私自迁居而是等待迁都。

最终，新都城确定在距龟兹古城仅有 20 千米的地方，这里就是距离昭怙厘佛寺最近的地方，也是玄奘讲经之地，于是龟兹人开始有组织地迁都。跟西域其他古城消亡情况不同的是，龟兹都城不是废弃而是搬迁。因为新旧城相距不远，又因为不是战争灾害所迫，所以龟兹的这一次迁都非常从容。平民百姓不仅把所有家当运走，而且连房子也拆了，运走了拆下的木料。王宫里能搬的也都搬尽，搬不走的高大宫房也只留下了个空架子。不到半年，龟兹都城便只留下废墟，不知道的人绝不可能想象这就是都城。一二十年以后，人们便开始在龟兹都城的旧址上种庄稼，最后连残存的遗址也给清光了，只剩下城墙。

龟兹古城就这么让人类给抛弃了。当然，这只是传说。要想知道龟兹古城消失的真相，龟兹古城是如何被抛弃的还有待专家进一步的研究。

精绝古国："死亡之海"沙漠腹地下的神秘国度

在被人们称之为"死亡之海"的塔克拉玛干沙漠腹地有大片古老王国的遗址，据史书记载，在西汉时期这里一共大大小小林立着三十六个王国，其中在尼雅地区就有一个非常著名的国家。《汉书·西域传》曾这样记载：这里离长安有8820里，住着480户人家，养着士兵500人，这就是西域三十六国之一的精绝国。这个遥远的精绝，有官有民，有兵有将，俨然是丝绸之路上机构完整的要塞。但是到了4世纪左右这个国家突然神秘地消失在了历史的尘埃中，1000多年来，精绝国被掩埋在茫茫沙海中，它的辉煌和废弃一直是萦绕在人们心头的未解之谜。它究竟是一个什么样的国家？又为什么会神秘地消失呢？

尼雅和精绝古国的关系

作为东方大国中国的一切都对西方人有着极为强烈的吸引力，以至于很多西方人甚至认为中国是一个到处都是黄金、到处都是珍宝的国度。于是，就有许多的"有识之士"面对东方的诱惑，垂涎欲滴，跃跃欲试。终于，西方人凭借着炮火打开了中国的国门，随之而来的就是这些自诩文明的人对中华大地上所有的人和物的破坏与劫掠。19世纪末20世纪初，中国处于动荡、混乱之中，一批接一批的外国强盗趁机潜入中国，肆意盗取中国人的文明成果。

1901年，考古学家、探险家，同时也是丝绸之路上的盗贼和魔鬼的匈牙利裔英国人斯坦因在英国政府的资助下，对新疆地区开始了全面的考察活动。斯坦因对于中国的文物和财富有着灵敏的嗅觉，在发现了深埋地下的于阗古国国都后，又无情地抢夺了大量的于阗古国的文物，然后美滋滋地将这些文物打包、装箱，准备运回英国。

在新疆的塔里木盆地，古代时有一条叫作"尼雅"的大河，它发源于昆仑山，沿塔克拉玛干沙漠南缘中部自南向北流入卡巴克·阿尔斯汉村附近的大沙漠。在出山口地势平缓的地方河水盘旋，形成了一片冲积绿洲，叫作尼雅绿洲。

斯坦因率领探险队带着劫掠的文物路过尼雅绿洲，就在尼雅绿洲这个小城休息的时候，斯坦因无意中发现，一位磨坊主人藏有带字的木板，具有深厚文字功底的他一眼就辨认出木板上的字是失传已久的印度孔雀王朝时代的古文字——佉卢文。

佉卢文最早起源于古代犍陀罗，是前3世纪印度孔雀王朝的阿育王时期的文字，全称"佉卢虱底文"，最早在印度西北部和今巴基斯坦一带使用，1世纪至2世纪时在中亚地区广泛传播。4世纪中叶随着贵霜王朝的灭亡，佉卢文也随之消失了。18世纪末佉卢文早已经成了一种无人可识的死文字，直至1837年才被英国学者普林谢普探明了佉卢文的奥秘。

这种文字在新疆出现使得斯坦因非常吃惊，于是向磨坊主重金求购了这些木板。在斯坦因的请求和丰厚报酬的引诱下，磨坊主欣然同意带领斯坦因到沙漠中自己发现木板的地方。

斯坦因一行沿着尼雅河向北进发，走了几天以后，顺利到达了发现木板的废墟，眼前的一切使得即使有着丰富考古经验的斯坦因也目瞪口呆：当年的文书还完好地封存在屋内，储藏室里厚积的谷子还有橙黄的颜色，房厅屋宇的门还是关着的……时间看似停止，人们仿佛刚刚离开这里。

走在这座沉睡了1600年的古城里，斯坦因有种"消失了时间观念的奇怪感觉"，他相信自己正走过"某个古时的村庄，走在整整1600年以前的乡间小路上"。当风吹起地面上的枯叶，斯坦因甚至认为它们就是从一簇簇散立的枯树上落下，留有最后的居民踩过的足迹。

斯坦因发现尼雅遗址位于尼雅河末端已被黄沙埋没的一片古绿洲上。古遗址散处掩坦在古尼雅河谷的沙丘链之间，以佛塔为中心，呈带状南北延伸25千米，东西布展5至7千米。在这片狭长区域内，散布着规模不等、残存程度不一的众多房屋遗址、场院、墓地、佛塔、佛寺、田地、果园、畜圈、渠系、池塘、陶窑和冶炼遗址等。

他用尼雅河的名字为这座古城命名为"Niyasite"。16天后，他把从古城中搜集到的764件佉卢文木牍、58件汉简及其他如汉代铜镜、铜钱、乐器、弓箭、玻璃器、水晶饰物、木雕、丝毛织物、地毯、漆器残片等珍贵的文物共装了12大箱，运往伦敦。尼雅的劫难就此开始，斯坦因离开尼雅时说"此次再见，绝非永诀"！就是这无比贪婪、无比邪恶的"此次再见，绝非永诀"为尼雅又一次埋下了苦难的伏笔……

斯坦因回到伦敦后，他带回的文物首先震惊了英国，接着轰动了欧洲。因为曾经有人在尼雅河流域的尽头寻找一个叫作精绝国的西域古国，但没有找到。斯坦因就产生了一种莫名的预感，尼雅遗址一定和人们苦苦寻找的精绝国有着莫大的关联。据《汉书·西域传》记载，精绝国位于昆仑山下，塔克拉玛干大沙漠南缘，接受汉王朝西域都护府统辖，国王属下有将军、都尉、驿长等。精绝国虽是小国，但它位于丝绸之路上的咽喉要地，地理位置十分重要。史书所描述精绝国所处的环境是："泽地湿热，难以履涉，芦苇茂密，无复途径。"

有了史料上的吻合，以及掠夺来的古文书记录，斯坦因就发表文章猜测，尼雅遗址很可能就是人们苦苦寻找的精绝国。

后来，国学大师王国维先生看到了斯坦因文中的汉文简牍，凭借丰富的学识以及对历史考古工作的极度敏感，一眼看出一枚简牍上有"泰始五年"的字样，这是269年中国西晋王朝武帝的年号。参照中国历史记载中的蛛丝马迹，以及从古至今的于阗（今和田）与各国的相距路程，认真梳理考释后王国维断定，尼雅就是古代西域三十六国之一的精绝国。于是，他发表了论文《流沙坠简》，对精绝古国做了较为详尽的考证和介绍。

精绝国有怎样的历史

尼雅遗址不仅是古代丝绸之路的一处重要遗址，它同时向人们展示被斯坦因称为"死亡之海"的塔克拉玛干大沙漠所存在的一个悠久、古老、光辉灿烂的沙漠古代文明，尤其尼雅河三角洲的考古文化将会揭示大沙漠环境变迁和历史文化的诸多谜团。

1931年，一个贪婪成性的外国人又不怀好意地来到了尼雅——这个人就

犍陀罗国青铜佛陀　11.1 厘米 ×5.4 厘米 ×3.2 厘米

犍陀罗时期立佛　50.8 厘米 × 18.4 厘米 × 10.3 厘米

来自中亚丝绸之路北部分支的佛陀，新疆维吾尔自治区吐鲁番市 36.2 厘米 × 14 厘米 × 6.7 厘米

是斯坦因。

斯坦因为了达到盗取文物的目的，想尽一切办法，获得了进入废墟的允许。并且，他违背了监管人员不得动土的指令，让随从从废墟中挖掘出26枚汉代木简。这些木简是用当时中原王朝通用的形式书写的，得到了这些木简，斯坦因如获至宝，他终于找到了让他期盼已久的记载——"汉精绝王承书从……"这些文字就足以证明废墟确实就是精绝王的驻地，尼雅就是《汉书·西域传》中的精绝国故址！

据《汉书·西域传》记载，精绝国共480户，3360人，军队500人。虽然精绝国和中原上国相比简直连一个小的城镇都比不了，可它在古代丝绸之路上却是商旅的必经之地，因此成为东西方文化的交汇之所。而且，精绝人利用文化交流融合之地的地理优势，创造出了自己的文明，比如那精美的丝绸、犍陀罗艺术和佉卢文木牍，以及民居和佛塔，这都是精绝国人民用辛勤劳动和智慧创造出的文明，也有人称之为"尼雅文明"。

从《汉书》首次记载了精绝国以来，此后的史籍对精绝国的记载都很少，精绝国人最后在历史上出现，已经是改名为鄯善的楼兰国的子民了。作为一个袖珍国家，仅有500名士兵的精绝国在那个兼并战争如同家常便饭一样的时代是不可能长期独立存在的。楼兰国在改名鄯善之后，因为是西出阳关第一站，又得到了中原王朝的扶植，曾经盛极一时。大约在东汉王朝的末年，强大起来的鄯善兼并了包括精绝在内的邻近的几个绿洲城邦。从那时起，尼雅河流域被纳入鄯善王国的版图，变成了它的一个行政区，精绝国改名为精绝州。

鄯善王对精绝的治理比较高明。他起用当地的一些有势力的人物，委任官职，负责管理精绝州的人民。国王还保留了直接派遣官吏检查税收和监察地方官吏的权力。他还下令：当地的百姓如果在地方上遇到司法、行政、民事纠纷，都可以直接上诉国王，由国王本人裁决、处置。

西晋以后，尼雅文明逐渐衰落下去，变为没有人烟、流沙肆虐的荒漠。到了唐朝，玄奘在《大唐西域记》中记载道：从媲摩川东进入沙海，走200多里，就是尼壤（尼雅）城了。尼壤城周长三四里，位于大沼泽地中。那里又热又湿，难以跋涉，芦草生长茂盛，没有可以通行的途径，唯有进入城中的道路可以通行，所以往来的人没有不经过这座城池的。而于阗则以此地作为其东境的关防。从尼壤继续往东走，就进入大流沙地带。那里沙流漫漫，聚散随风而定，人走过之后留不下痕迹。也正因为这样，有很多人在那里迷路了。在大流沙地带，放眼四顾，都是茫茫沙漠，分不清东南西北。因此，那些往来的行旅就把别人的遗骨聚集起来作为路标。不仅分不清方向，那里水草也很缺乏，热风肆虐，风起的时候人畜昏迷不清，很容易染上疾病。人们在那里时不时地还会听到歌和呼啸的声音，有时会听到哭泣之声。不知不觉间，人就会跟随声音，受到魅惑，不知道身在何处，这样一来就经常有走失的人……

尼雅文明就像一颗流星一样，虽然璀璨无比，但是还是没能避免划过天空的命运。后人读史至此，无不扼腕叹息、感慨良深……

精绝国是如何消失的

在尼雅废墟的流沙中，可以看到保存完好的民居、畜舍，房盖虽然被风吹落，可高大的房柱却依然屹立在流沙之中。此情此景，不禁使人追问是什么导致了尼雅文明的兴衰。

有学者认为主要原因是环境恶化，也有学者认为是战争。有些学者否定了这两种看法，却又无法解释精绝国的神秘消失。

环境恶化论的持有者认为，尼雅遗址在民丰县尼雅河流域北边，而尼雅河当时属于塔克拉玛干沙漠地区一条中型河流，在秦汉时期，尼雅河水充沛，可以到达尼雅废墟一带。在河水的滋润下，精绝国林木葱郁，灌草繁茂，成为一个良好的绿洲。尼雅文明在绿洲中终于出现。但是，随着气候的变化，尼雅河出现了河道退缩的现象。

虽然佉卢文书中没有见到精绝国的"水官"，但精绝国从尼雅河通过人工渠引水注入，无论是农田灌溉，还是生活用水，都由官方统一调配，连接各村的主干渠道的放水口是固定的，不到规定放水时间或不经"水官"批准，不能随便开口放水，造成水资源浪费，是要受到惩罚的。而且，在出土的佉卢文木简中也发现了这样的条款："砍伐活树，罚一匹马，砍伐树杈，罚母牛一头。"精绝国开始用法律手段保护水源和树木，可见环境已经恶化到必须通过法律强制保护的地步了。

即使如此，尼雅河最终还是断流了，原先精绝国的地方失去了水源，居民无法耕种与生活，最后只好离开这里，迁移到其他地方。于是尼雅的历史发展完全中断，成为没有人烟的废墟。水是生活之源，断绝了水源以后，胡杨林成片地死亡，飞禽、走兽也逃离了这里，于是尼雅逐渐成为没有生命的荒漠。

认为精绝国灭于战争的专家也做出了解释。从发掘到的佉卢文解读内容来看，精绝国长期受到西南方向的强大部落苏毗（SUPIS）人的威胁和入侵，可以说，精绝国是在预感大难临头中，忧心忡忡地度过了最后的日子。木牍的文字表明苏毗人对精绝国从威胁到入侵在一步步地加深，如"苏毗人之威胁令人十分担忧，余等将对城内居民进行清查""现有人带来关于苏毗人进攻之重要消息""现来自且末之消息说，有来自苏毗人之危险……兵士必须开赴，不管有多少军队……"显然精绝国人无法抵御强大的苏毗人的进攻，"苏毗人从该处将马抢走""苏毗人抢走彼之名菩达色罗之奴隶"。考古学家们在这个沉睡了1600年的废墟上，看到了宅院四周尸骨累累，内部各种遗物四处散落，房门敞开或半闭。用来存放佉卢文的陶瓮密封完好没有拆阅，储藏室里仍有大量的食物，甚至纺车上还有一缕丝线。这一切似乎告诉人们尼雅王国在面临长期的入侵威胁后，遭到了惨重的致命一击，甚至没有留下最后的文字记载。

东汉末年，汉朝国力衰弱，中原处于分裂与战乱之中，西域出现政治真空，此时西域各小国和部族相互侵吞的战乱也随之而来，所以精绝被他国或更强悍的部落毁灭也是可能的。但导致精绝国灭绝的苏毗人在历史上从无记载，让人们对既凶猛又好侵占掳掠他国的苏毗人留下种种猜测和不解。

更有人认为精绝国既不是毁于环境恶化也不是毁于战争，精绝国消失的原因有待进一步考证。他们认为考古学家并没有在尼雅遗址周围找到关于尼雅河大规模改道的证据，同时也并未在尼雅河上游发现任何人类聚居点的遗迹。另外，在尼雅遗址里，不少住宅周围都有巨树环绕，果园中林木整齐。住处附近从堆积的淤泥看，还有水塘的痕迹。在这样好的生存环境中，很难说尼雅河会突然断流，导致精绝王国覆灭。即便是由于环境恶化，精绝举国迁移，可是，为什么没有开封的各类文书还整齐地放置在屋内墙壁旁？如果是因为环境的改变而搬迁，精绝人就更没有理由丢弃官方的文件落荒而逃了。

而且，在尼雅遗迹中，没有断戟残剑沉埋沙中，所有出土的古尸，都是平静而又安详的。所有的房屋遗址都是完整的。如果说精绝是毁于战争，又该如何解释这一切呢？

斯坦因曾记载他发掘一批文件的经历："从这批契约埋藏时得到的照顾以及对埋藏地点的标示来看，文书的主人明显是在紧迫中不得不离去，但却抱有重返的念头。鲁斯塔姆（发掘队员）一下就猜到那块标志的用意，因为现在农民被迫弃家而去时，他们仍然这样做。在掩埋时既没有遮盖，也没有用容器来保存这批极有价值的文件，这本身也清楚地表明离去之匆忙。"而且，考古学家在尼雅遗址的一所房子废墟中发现一只狗的遗骸。它的脖子上拴着绳子，绳子的另一端拴在柱子上。显然，主人离去时忘了解开绳子，这只狗被活活饿死了。究竟发生了什么事，让精绝国的官员匆匆离去而又觉得自己能马上回来，让狗的主人在离去时连爱犬的绳子都忘了解？但他为何又一去不返？如果说精绝的居民真的集体迁徙了，他们究竟迁到了哪里？考古学家没有发现任何线索。

精绝国消失的真相到底是什么？人们究竟能不能找到答案？也许，我们再也无法知道答案了。矗立在尼雅遗址上的古树目睹了当年商贾穿行的繁荣景象，也见证了精绝国的消失，它在沙漠的尽头，默默地注视着这一切……读史至此，不禁要发出"木犹如此，人何以堪"的叹惋了……

吐谷浑古国：曾与唐王朝并足鼎立的高原王国

柴达木盆地东南端的都兰县，在这片方圆 2 万多平方千米的土地上已发现上千座至少有 1500 年历史的古墓。近年来，考古工作者对都兰古墓群进行了大量的发掘、研究，特别是对位于都兰县察汗乌苏镇东南约 10 千米的热水乡的血渭一号大墓的发掘，一个关于吐谷浑汗国的真相正在一步一步展现在世人面前。

神秘的青藏高原，曾是多民族先民生活繁衍之地。先后有羌戎、吐谷浑、吐蕃等古代民族在这里生活，其中吐谷浑王国在青藏高原上立国达 350 多年，其鼎盛时期的疆域东起甘肃南部、四川西北，南抵今青海南部，西至新疆若羌、且末，北隔祁连山与河西走廊相接，在吐蕃王朝兴起之前，与中原唐王朝并足鼎立，是青藏高原上的第一王国。他们为什么来到这里？在这里发生过什么？什么原因让他们最终为后起的吐蕃所代替？一直以来，人们不断试图搜寻这个神秘的王国在这里生活的蛛丝马迹。

吐谷浑为何长途跋涉远赴青海

吐谷浑又称吐浑、退浑，是我国西北的古代民族之一。吐谷浑本为辽东鲜卑慕容部的一支。西晋末年，首领吐谷浑率部西迁到枹罕（今甘肃临夏）。后扩展，统治了今青海、甘南和四川西北地区的羌、氐部落，建立国家。至其孙叶延，始以祖名为族名、国号。南朝称之为河南国，唐后期称之为退浑、吐浑。

以上就是吐谷浑的来历了。鲜为人知的是，其实吐谷浑原本并不是一个国家的名字，而是一个人的名字。

吐谷浑原是辽东鲜卑慕容部首领慕容涉归的庶长子。《晋书·吐谷浑传》记载："吐谷浑，慕容廆之庶长兄也，其父涉归分部落一千七百家以隶之。"慕容廆是涉归的嫡次子。晋太康四年（283年），涉归死后，部众拥立慕容廆为可汗。作为长子的吐谷浑因为是庶出，仅从父亲那里得到了1700户的牧民。

吐谷浑为什么要不远万里，率领部众长途跋涉远赴青海呢？只因为一场在游牧部落中十分常见的马斗。按照《晋书·吐谷浑传》记载，一天吐谷浑和慕容廆两部的马在一处草场上撕咬起来，从而引起慕容廆的恼怒，慕容廆认为这场马斗是吐谷浑蓄意为之，便派人指责吐谷浑说："父汗早已分给你牛羊，你为何不走得远远的呢？那样马还会打起来吗？"吐谷浑心高气傲，一怒之下决定离开辽东，远迁别地。

有人说，吐谷浑远迁是因为与异母弟慕容廆的争权斗争，不甘久居其下。其实吐谷浑的远迁还存在着深刻的社会经济背景。周伟洲先生在《吐谷浑史》一书中就指出："当时居于辽东、辽西的鲜卑各部之间，随着游牧经济的发展，相互争夺人口、牲畜和牧场的斗争是十分激烈的。当时慕容部还比较弱小，占有的牲畜、牧场十分有限，而吐谷浑与慕容廆二部之间的马斗，正反映了因牧场狭小而引起的深刻矛盾，这是促使吐谷浑最后远徙的根本原因。"

关于吐谷浑西迁，还有一个有意思的传说。传说得知哥哥真要迁走的慕容廆很后悔自己的冲动，便派大臣前来劝阻，吐谷浑坚辞不过，便说那就看这些马匹的心愿吧，如果它们往东要回去，我就回去。就在马群往东走出数百步后，意想不到的事情发生了，头马领着马群忽然回头向西，而且还"欷然悲鸣""声若颓山"。几番反复均是如此，这仿佛是上天给吐谷浑的暗示，使他要走的决心更加坚定，前来劝阻的大臣也只好作罢，任由其西去。

吐谷浑走后，慕容廆因为经常思念兄长，便作了一首《阿干歌》来纪念。慕容廆的子孙建立了"大燕国"后，《阿干歌》就作为皇帝出巡或者祭祀宗庙时演奏的乐曲。

吐谷浑国的建立和发展

西晋末年，吐谷浑率领所部，从辽东西迁到今内蒙古西部，继而又迁牧于

狮子食羊大理石雕　14 厘米 ×7.6 厘米

汉青铜野驴（鄂尔多斯地区）17.8厘米 × 12.4厘米

西晋男仆陶俑　1964 年在江苏省南京市出土

西晋文官　1955 年在湖南长沙高级官员坟墓出土

今甘肃西南、青海东南部，逐步征服当地羌、氐各部，势力不断壮大，并于东晋初年，建立政权。

吐谷浑死后，其子吐延继承了吐谷浑的汗位，并在此后的 10 多年里，不断开疆拓土，把势力范围扩大到现在的四川西北、青海和甘肃南部。吐延在位 13 年，勇猛异常，《晋书·吐谷浑传》称其"身长七尺八寸，雄姿魁杰，羌虏惮之，号曰项羽"。329 年，由于对当地羌族的残酷征服最终引起了羌人的反抗，吐延被刺杀，年仅 35 岁。这一年，吐延的长子叶延继承了汗位，这个深受中原文化影响的可汗，按照中原王朝的习惯，"以王祖字为氏""亦为国号"，改姓吐谷浑，正式建立了吐谷浑国，并把活动中心由甘肃转移到了青海。

376 年，叶延之孙视连继立为首领后，把政治中心从甘肃境内迁移到青海的莫何川（今青海乌兰县莫河一带）。405 年，树洛干继立为首领，自称吐谷浑王，标志着吐谷浑王国正式建立。他在位时，经过一系列整顿，逐步兼并羌、氐各部，国势日渐强大。

面对吐谷浑的崛起，西秦深感不安，屡次袭击掠夺吐谷浑。417 年，阿豺继立为吐谷浑王，为了保存实力，主动遣使与西秦求和，并接受西秦的"征西大将军""安州牧""白兰王"等封号。同时，又遣使与南朝刘宋通好，借以抗秦。阿豺开创的结好西秦与联宋抗秦的外交策略，使吐谷浑很快走上了兴盛道路。而这种与其他国家和平交往，不断接受各个强国的各种封赐，长期向他们朝贡的策略，也使吐谷浑在一个狭小的生存空间中左右逢源，立国300余年而不倒。

452年，拾寅继承王位后，把政治中心从莫何川西迁到伏罗川（今青海都兰县诺木洪一带），并仿效汉族政治制度建制，修筑城池宫殿，大力发展畜牧业和贸易，使吐谷浑空前强盛。541年，夸吕继承王位，把政治中心又从伏罗川北迁到伏俟城（今青海湖西铁卜加古城），设置王公、仆射、尚书、郎中、将军等官职，自称"可汗"。此时，吐谷浑王国的统治范围，东起甘肃洮河流域，西至青海柴达木盆地中南部，方圆数千里，成为中国西部的强国。

吐谷浑王国凭借它的地理优势和交通优势，成为丝绸之路上的一个重要的交通和贸易的通道。吐谷浑王国也因此得到了长足的发展和提高。由于青海道横贯吐谷浑国境，所以也被后人称为"吐谷浑道"。当时的吐谷浑道可谓四通八达：向东可达北朝的北魏以及后来的北周；向南可以沿黄河南岸到达洮河上游地区，并经由此地到达建康（今南京）；向西可达西域；向北可以穿过河西走廊，到达柔然、东魏和北齐。

吐谷浑人在这条路上从事的最主要的活动是和外国商人进行中转贸易，并由此介入国际贸易；同时，他们还与南朝和北朝从事"以献为名，通贸市买"的商业活动。吐谷浑靠着独特的地理位置，扮演着"中介"的角色，赚取

六朝脚灯　29.8厘米×22.2厘米×19.1厘米

了丰厚的利润，出现了许多腰缠万贯的富商大贾。西魏废帝二年（553年），吐谷浑可汗夸吕派使团到北齐去朝贡，西魏凉州刺史史宁探知使团返回的消息后，率兵袭击，俘获跟随使团的商人240多人，夺得骆驼、骡子共计600多头，各种丝绸彩绢上万匹，其贸易规模之大即便在今天看来，也令人惊讶不已。

1983年以后，考古学家在都兰县的吐蕃墓葬中陆续发掘出大量的丝织物，丝绸品种之全、图案之精美、时间跨度之长在国内考古发现中均居榜首。目前，考古工作者已经发现丝绸350多件、130余种。在这些丝绸残片中，有112种为中原汉地制造，18种为中亚、西亚所制造。其中一块波斯人使用的钵罗婆文字锦是目前世界上发现的唯一一块确认的8世纪波斯文字锦。这些丝织品以及其他大量的出土文物，绝大多数应是吐蕃与中原、中亚和西亚进行贸易的结果，这也为青海丝绸之路提供了最直接的证据。

此外，吐谷浑人在这条路上还充当了外国使节和商人的翻译和向导。无论是中亚和西亚的国家的使臣来南朝，还是东西方各国的商人，以及去西天取经的和尚和东来传法的印度僧侣，都由吐谷浑人带领到达目的地。丝路上与各色人等的往来交通，不仅使中西文化交流得以延续，也对吐谷浑自身产生了很大的影响。吐谷浑人原本并不信奉佛教，但在慕利延统治后期，佛教开始在吐谷浑流行，原因便是佛教经由吐谷浑道从西域和南朝传入。今天在都兰鲁丝沟见到的佛像岩刻，考古学家们便认为是吐谷浑时代的作品。

吐谷浑是还一个崇尚马、产良驹的地方。作为一个游牧民族，马对吐谷浑是一种根基性的存在，而在鲜卑民族中，马一直是瑞兽和神兽的象征，其墓葬中也常常用马殉葬。因此在吐谷浑马被提升到前所未有的高度。《魏书·吐谷浑传》载："其（指吐谷浑）刑罚：杀人及盗马者死……"在那里，盗马与杀人等同而视，将处以死刑。

吐谷浑最著名的良驹是"青海骢"和"龙种"。《北史·吐谷浑传》记载，吐谷浑人把当地的优良种马与波斯母马进行杂交，所生的就是"青海骢"，据说这种马可日行千里。而"龙种"的产生则带有神话的色彩：每到冬季，青海湖结冰之后，吐谷浑人就把良种母马送到海心山上，到来年春天，马有孕，所产的马驹即为"龙种"。

周伟洲先生所著《吐谷浑史》一书认为，"青海骢"与1969年在甘肃武威雷台东汉墓出土的艺术珍品——"马踏飞燕"中的铜奔马体形相似，具有一脉相承的血缘关系。这种马外貌俊美、品质优良、力速兼备，最大的特点是善走对侧步的步法。"青海骢"也因此成为吐谷浑向中原政权进贡的珍贵礼品。

盛产良驹，成为吐谷浑对外征战的有力武器，盛唐之前，吐谷浑一方面接受各个强邻对它的封赐，并不断向它们朝贡；另一方面，吐谷浑凭借能征善战的坐骑不断骚扰一些国家的边境，掠夺人民和牛羊，也因此成就了东起甘肃洮河流域、西至青海柴达木盆地中南部的汗国。

一场战争怎样灭亡吐谷浑

吐谷浑凭借马背上的优势不断开疆辟土、扩大势力，曾经一度成为一方的霸主。远近的各个小部落都不敢和吐谷浑相抗衡。可是，在建立功业的同时，吐谷浑也为自己种下了灭亡的祸根。

581年，中原隋朝刚刚建立，野心勃勃的吐谷浑想要趁隋朝刚建国、立足未稳之时，大肆侵扰大隋王朝的领土。可是，对于中原的天朝上国，吐谷浑的侵扰是不堪一击的，隋朝的军队很快就瓦解了吐谷浑的进攻。可是，没想到吐谷浑人心不足蛇吞象，接连几次对中原领土进行侵扰，尤其是他们发动的第三进攻，使得麻痹大意的隋朝在短短几个月内，先后有临洮、凉州、岷州被偷袭，损失比较严重。

隋炀帝即位后，大为恼火，于608年派兵大规模进攻吐谷浑，可是，狡猾的吐谷浑竟然瓦解了隋朝的这次进攻。隋炀帝大怒，于609年亲自率兵出征，围攻吐谷浑。皇帝亲征的士气可想而知，隋朝大军浩浩荡荡地挺进吐谷浑的领土，使得曾经不可一世的吐谷浑军队瞬间失去了抵抗力量，最终伏允可汗只好狼狈南逃，今青海大部分地区划归到隋朝的版图。

后来，伏允可汗投奔党项族，苟延残喘，过着寄人篱下的日子。隋朝末年，虽然可汗伏允又收复失地，吐谷浑国复兴，但经过两次战争的沉重打击，吐谷浑王国从此开始迈向它的暮年，由强盛走向衰落。

唐朝建立后，吐谷浑仍旧奉行既往对外政策，在不断向唐朝遣使，加强双方交往的同时，乘唐朝忙于巩固政权之机，频繁滋扰唐朝西部边境，阻碍唐朝

隋唐时期　新郎（墓葬）　21厘米×8.3厘米

从河西入西域的交通。吐谷浑为患唐朝边境，仅史书中记载的就多达 24 次，岷、鄯、洮、叠、芳、旭、扶、兰、凉、松、河等 11 个州深受其害。

直到贞观八年（634 年），雄才大略的唐太宗李世民将唐朝治理得井井有条，已经基本完成了统一大业，国内局势稳定，王朝迎来了"贞观之治"的盛世。而此时的吐谷浑不识时务，不断寇扰中原。唐太宗李世民本来不想大动干戈，想使用怀柔政策使得吐谷浑对中原王朝心存敬意。可是没想到这个小小的国家竟敢如此猖狂，终于招致了李世民对吐谷浑大规模讨伐的决心。

这年秋天，吐谷浑派兵到凉州劫掠，恰好把鸿胪丞赵德楷、安侯等朝廷官员给劫掠而走。唐朝本是想着"以和为贵"，没想到先后派人与吐谷浑可汗伏允交涉多次，晓以利害，讲明道理，可是都遭到了伏允的强硬态度，始终不肯放人，而这种极不明智的做法也激怒了李世民。11 月，唐太宗发布《讨吐谷浑诏》，历数吐谷浑历年罪行；12 月，以李靖为西海道行军大总管，10 万唐军兵分三路直指青海。唐军一路势如破竹，以不到半年的时间，取得了这场战争的全面胜利。贞观九年（635 年），唐太宗下诏让吐谷浑复国，并封慕容顺为西平郡王。但慕容顺不为国人拥戴，不久便在内乱中丧命……

从此，吐谷浑终于成了中原王朝的从属之国。与此同时，吐蕃在青藏高原兴起，其势力进入青海南部，并多次攻掠吐谷浑。663 年，吐蕃一举攻占吐谷浑全境，吐谷浑国内亲吐蕃的大臣素和贵逃奔吐蕃。吐蕃大军顺利攻入吐谷浑境内，拥有 350 年基业的吐谷浑就此消失在了历史的长河之中。

乌孙古国：汉代连接东西方草原交通的重要民族之一

在新疆美丽的伊犁草原上存在着"三大文物奇观"，这就是广泛分布的草原土墩墓、神秘多彩的伊犁岩画与粗犷风趣的草原石人。草原土墩墓又称乌孙土墩墓或乌孙古墓，在伊犁广阔草原上共分布着上万座。这些土墩墓封土高大，气势宏伟，令人瞩目。古墓大都呈半锥体，多数呈南北链状分布。最大者底部周长350米，高20余米。古墓顶部较平坦，外形像个巨大的梯形。墓的顶部还有牧民竖起来的枯树枝，上面绑着各色布条，以祈求他们的幸福平安。墓的底部周围还能看到露出泥土的大型石头，据传说，死者生前作战时打死过多少敌人，就在墓周围放多少石头，以铭记其功绩。

考古工作者对乌孙土堆墓的发掘，出土了数目可观的文物，这一件件精美的陶器、铁器和铜制饰品，古老的钱币、马具等打破了伊犁草原的沉寂，见证着这里曾经有过的辉煌，似乎向人们诉说着乌孙人千年的悠久历史……

乌孙不为人知的历史

乌孙，是西域一个少数民族，这个民族建立的政权也就被称为乌孙。乌孙人以游牧为业，逐水草而居，在放牧的同时还常常狩猎。他们住在毛毡帐篷里，以牛羊肉为食，以牛羊奶为饮品，风俗与匈奴族一样。乌孙是汉代连接东西方草原交通的重要民族之一。乌孙国的马最为著名，当时富人养的马多达四五千匹。

据说，乌孙族是西戎乌氏国被秦国灭亡后西迁的余民形成的。

乌孙是受匈奴影响很深的操阿尔泰语系突厥语族的古代民族。关于乌孙的社会状况记载很少。乌孙的族属向有数说，或匈奴，或突厥，或东伊朗族，不一而足。汉代文献《焦氏易林》中描写说："乌孙氏女，深目黑丑，嗜欲不同。"据此我们可以断定，乌孙人是属于肤色偏黑的民族。然唐人颜师古对《汉书·西域传》作的一个注中揭示说："乌孙于西域诸戎，其形最异。今之胡人青眼赤须状类猕猴者，本其种也。"依此分析，乌孙人应为深目高鼻、赤发碧眼之欧洲人种。尽管说法各异，但有一点十分明确，即乌孙与汉人种属不同。中外学者比较了苏联中亚地区和我国天山以北地区乌孙时代的人类学资料后指出，形成乌孙部落的人类学类型的人种基本当属欧洲人种，其中也明显混杂着轻度蒙古人种成分。

据《史记·大宛列传》记载："臣（张骞）居匈奴中，闻乌孙王号昆莫，昆莫之父，匈奴西边小国也。"《汉书·张骞李广列传》："天子数问骞大夏之属。骞既失侯，因曰：'臣居匈奴中，闻乌孙王号昆莫。昆莫父难兜靡本与大月氏俱在祁连、敦煌间，小国也。'"反映乌孙族早在西汉以前已在河西走廊建国。春秋战国以前乌孙曾在现今宁夏固原一带游牧，其后他们才逐渐迁徙到河西地区。乌孙的首领称为"昆莫"或"昆弥"。现在所知道的最早的乌孙王称为"难兜靡"。在难兜靡为首领时，乌孙为强邻月氏所攻，国破家亡。

难兜靡留下了一个儿子，名叫猎骄靡，当时还是个婴儿。猎骄靡被部下布就翎侯抱着逃出来后，躲过了月氏人的追杀。逃亡途中，布就翎侯饥饿难耐，于是将猎骄靡放入草丛中，自己去寻找食物。当布就翎侯拿着食物归来，竟然看见一只狼在喂猎骄靡吃奶，还有一只乌鸦叼着一块肉站在旁边。布就翎侯大为惊奇，认为小王子将来定然是个非凡的人物，于是带着猎骄靡投靠匈奴，并把自己看到的神奇景象禀告给了冒顿单于。冒顿单于听了，认为这是上天的暗示，于是决定收养猎骄靡。

猎骄靡在儿童时代就显示出了超乎寻常的禀赋和气质，于是冒顿单于就更加注重对这个"天才儿童"的培养和教育，为他请了不少博学多才、文武双全的老师，交给猎骄靡本事。光阴似箭，猎骄靡长大成人。单于把乌孙部民交还给他，并扶持他当上乌孙国王。猎骄靡复国后，一心为父报仇，与匈奴右贤王相约进攻已经西迁到伊犁河流域的月氏国。月氏人在乌孙人和匈奴人的攻击下，国王被杀死，头盖骨被匈奴做成了酒杯。这也就给他的父亲报仇雪恨了，月氏

东周至西汉　青铜鼎　20厘米×22.2厘米

东汉铜印　1.8厘米×1.2厘米

汉代青铜花瓶　4.8 厘米 × 11.4 厘米

人虽然得知了大王惨死的消息，但是敢怒不敢言，被迫西迁。

赶走了月氏的乌孙，也就没有了战争上的需求了，所以乌孙人在猎骄靡的领导下大力发展各种畜牧业、滋生人口、发展贸易，使得乌孙在短短的几年内就迅速地强大起来。为了发展，乌孙国还占据了原为月氏人所有的伊犁河、楚河地区，留在那里没有逃走的月氏人和原先臣服于月氏的塞种人从此成为乌孙国的臣属。有了这些富足的地区和臣属，乌孙就显得越发强盛了，它建立了一个地域广大、国力强盛的地方政权。其地东接匈奴，北抵康居，西达大宛，南连城郭诸国。政治中心在赤谷城。昆莫分设各官，管理全国。《汉书·西域传》记载乌孙鼎盛时期（前53年至前51年）人口63万，胜兵18万人之多，是西域最强大的"行国"。这时的乌孙国，已经是西域诸国中数一数二的强国，几乎可以与匈奴平分秋色了。

汉朝历史上第一位和亲的公主

2005年，在新疆昭苏县夏塔乡境内发现一座墓葬，这个墓葬位于夏特大峡谷谷口，距夏塔古城七八千米，墓高近10米，底径40米，是乌孙草原中规模极大的古墓之一。考古专家根据墓的朝向，以及历史记载初步断定为细君公主墓葬。

细君公主，原名刘细君，人们又称之为江都公主。细君的父亲刘建是江都王刘非的儿子，刘非与汉武帝刘彻是同父异母的兄弟。细君公主肩负和亲重任远嫁到风俗不同、文化相对落后的乌孙，为中原和西域的和平相处做了极大的贡献。而且，细君公主和亲乌孙要比公元前33年出塞的昭君早70多年，比641年入藏的文成公主早740多年。可以说，细君公主是出塞和亲的先驱，有人也称她是"汉朝历史上第一位和亲公主"。然而，这样一位伟大的公主，在历史上却很少被提及，这不能不说是一个遗憾。

汉代边患严重，以北方的匈奴最有威胁。汉初实行与匈奴和亲的外交政策，但匈奴屡次背约，战事依然不断。汉武帝继位后，决意用武，双方征战连年，互有杀伤，汉朝损失也很大。这一时期，乌孙日益强大起来，成为西域诸国中的头等强国，俨然与大汉、匈奴成鼎立之局。张骞根据他出使西域的考察结果，审时度势，及时向武帝提出了"结交乌孙""令东居故地，妻以公主，与为兄弟，以制匈奴"的建议，得到了汉武帝的重视和采纳。

元封六年（前105年），刘细君就是在这样的背景下，肩负着祖国同胞的庄严使命，踏上了远嫁乌孙的途程。细君公主下嫁的人是乌孙国王昆莫猎骄靡，汉武帝想要和乌孙结为兄弟之邦，共制匈奴。《汉书·西域传》记载，细君公主出嫁时，汉武帝"赐乘舆服御物，为备官属宦官侍御数百人，赠送甚盛"。细君公主到达乌孙后，猎骄靡封她为右夫人，随从工匠为她建造了宫室，而且汉朝每隔一年派使者探视。

然而，孤身一人，嫁到远在万里之外的国度中，有着语言、文化、风俗以及生活习惯等方面的不同，细君公主生活得十分苦闷，她曾经不无伤感地写道：

> 吾家嫁我兮天一方，远托异国兮乌孙王。
> 穹庐为室兮毡为墙，以肉为食兮酪为浆。
> 居常土思兮心内伤，愿为黄鹄兮归故乡。

这首叫作《悲愁歌》的诗篇足以想见细君公主的苦闷与乡愁了。

不但如此，细君公主在乌孙的地位不久后发生了极为微妙的变化。因为，细君到乌孙不久，匈奴也派遣宗室女至乌孙，为昆莫左夫人，企图瓦解汉乌联盟。细君公主当然知道自己远嫁乌孙的真正目的，也更清楚匈奴派遣公主也嫁到乌孙的政治意图，于是她在面对着十分微妙又一触即发的境况时，处变不惊、从容应对，"岁时一再与昆莫会，置酒饮食，以币帛赐王左右贵人"，凭借她的机敏、练达和真诚，逐步赢得昆莫的信赖和臣民的尊敬，使匈奴的阴谋未能得逞。

细君公主很得乌孙王猎骄靡的宠爱，然而乌孙王猎骄靡此时已经是风烛之年、不久于人世了。为了细君公主将来的地位，他有意将细君公主嫁给自己的孙子军须靡。这个想法在中原来说当然是不合礼法的，但是在当时的乌孙来说却是一种风俗习惯。但是，细君公主无论如何都无法接受这种风俗习惯，于是她上书给汉武帝，希望能允许她回中原，避免嫁给丈夫的孙子这种丑事。但汉

西汉彩绘陶舞俑　53.3厘米×24.8厘米×17.8厘米

武帝回信说："现在正要对匈奴用兵，不能失掉乌孙这个实力雄厚的盟友，你应该以大局为重，遵从当地的风俗。"无奈之下，细君只好忍辱含悲地嫁给了军须靡。猎骄靡为孙子主持了婚礼之后，不久就去世了。他的儿子早已先他而去，因此，孙子军须靡继承了乌孙王位。细君公主为军须靡生下了一个女儿。由于身体羸弱，心中悲苦，再加上产后失调，与军须靡成婚一年后，细君公主病死在了乌孙。可怜一代公主就这样香消玉殒于离家国有万里之遥的他乡了……

细君在乌孙生活了18年，坐主后宫，先后襄佐两朝，通权达变而不失礼法，风仪所向，举国钦服。细君死后，汉朝又以楚王刘戊的孙女解忧遣嫁军须靡，继续保持两国的联盟。前72年，匈奴恼怒乌孙亲汉，出兵攻袭。乌孙遣使向汉朝求援，汉朝发兵15万骑，分五路进击匈奴。乌孙昆莫亲率5万骑从西方攻击，成合击之势，匈奴被重创，势力自此转衰，汉朝北方获得了和平与安宁。作为汉乌联盟的奠基人和实施者，细君公主对于汉乌之间和平友好相处的贡献是可与日月争辉的，是应该永远被后世子孙所铭记的。

唐朝诗人戎昱曾作过一首《咏史》：

汉家青史上，计拙是和亲。

社稷依明主，安危托妇人。

岂能将玉貌，便拟静胡尘。

地下千年骨，谁为辅佐臣。

是呀，"计拙是和亲"，汉武帝这个以英明神武自诩的君王，将一国之大事托付在一个小女子身上，这似乎也是使人不免有所非议的吧。另外，据说细君公主的父亲因谋反而被诛，全家除了年仅5岁的细君外，都遭到了杀戮。而细君也就被汉武帝以"罪臣之女"的身份养在了宫中，后来又令其远嫁乌孙的。而且原来汉家皇帝在和少数民族政权和亲时，都是令地位低下的宫女冒充金枝玉叶的公主去和亲的。而细君这个具有皇室血统的人远嫁乌孙，不知是否因为她的父亲曾经谋反过。

值得一提的是，在乌孙考古文化中，乌孙古墓葬的圆丘形封土冢和竖穴木

清　顾洛　昭君像图轴

椁墓室的特征，与中原地区战国至汉朝的墓葬形式大致相同。乌孙墓葬封丘有大、中、小三种，这种埋葬制度不仅反映了乌孙社会的阶级分化，同时也揭示了汉文化对乌孙社会的影响。

乌孙为何会从史籍中消失

西汉中期，乌孙内乱，后即分为大、小两部。大昆莫元贵靡是汉朝外甥，分得乌孙西部；小昆莫乌就屠为匈奴外甥，分得乌孙东部。双方发生了激烈的争斗，《汉书·西域传》记载，为调解矛盾，"汉用忧劳，且无宁岁"。西汉成帝鸿嘉末期（前18或前17年），末振将成为小昆莫，当时大昆莫雌栗靡很有威信，末振将担心自己地位不保，派人刺杀雌栗靡。汉朝扶立雌栗靡的叔父伊秩靡为大昆莫，末振将被伊秩靡的部下所杀后，汉朝马上派兵杀死末振将太子番丘。末振将之弟卑爰寘率领8万人投靠康居，经常发兵攻打乌孙，企图吞

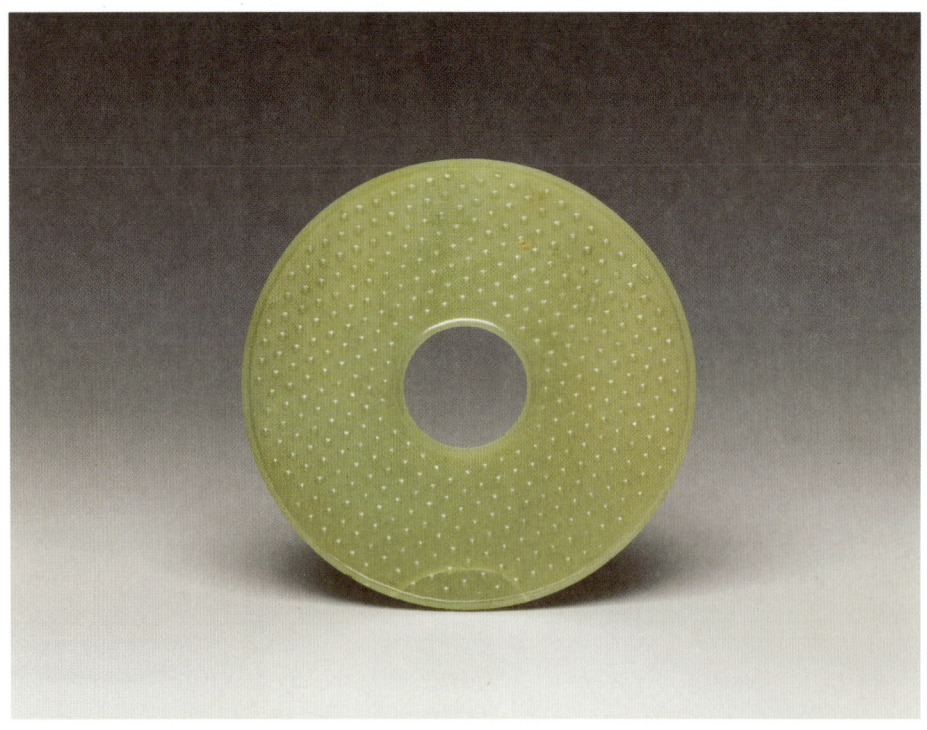

西汉玉盘　直径 14.6 厘米

并大、小昆莫的部众。最后被都护孙建领兵袭杀。乌孙的国家实力在内战中大大损耗。东汉末年，鲜卑兴起，趁乌孙孱弱的时候多次袭击乌孙。乌孙人被迫退入天山山脉中安居。

5世纪以前，乌孙与中原王朝的联系仍见诸史端。《北使·西域传》记载："初，琬等受诏：便道之国，可往赴之。琬过九国，北行至乌孙国。其王得魏赐，拜受甚悦。谓琬等曰：'传闻破洛那、者舌皆思魏德，欲称臣致贡，但患其路无由耳。今使君等既到此，可往二国，副其慕仰之诚。'琬于是自向破洛那，遣明使者舌。乌孙王为发导译，达二国，琬等宣诏慰赐之。已而琬、明东还，乌孙、破洛那之属遣使与琬俱来贡献者，十有六国。自后相继而来，不间于城，国使亦数十辈矣。"此段史文表明，太延年间（5世纪）北魏王朝派董琬、高明等出使西域，受到乌孙、龟兹等诸国国王的迎候，双方友好关系不言自明。

不久之后，乌孙国多次遭到柔然的侵袭，后来被迫西徙葱岭山中。北魏以后，没有有关乌孙与中原政权联系的明确史料。北魏后期，高僧宋云、慧生西行取经，走遍葱岭及其以南，不见有乌孙国。60多年后，中国进入隋朝时期，隋炀帝准备经营西域，令大臣裴矩向西域商人调查西域诸国情况，写成《西域图记》三卷，《隋书·西域传》根据《西域图记》写成，其中也不见乌孙国。从此，有关乌孙国的记载彻底消失。

哈萨克族是乌孙的后裔吗

哈萨克族是我国重要的西北民族之一，新疆的伊犁、塔城、阿勒泰三地区是哈萨克族聚居的地方。因为近代哈萨克族中含有所谓的"乌孙"部落，有些学者便将汉朝的乌孙作为哈萨克族的族源，那么这是不是历史事实呢？

哈萨克族内有名叫"乌孙（玉逊）"的部落，关于哈萨克族的"乌孙"是否是汉代的乌孙，史学界没有一致的观点。我们不妨根据史料论证一下。

"玉逊"与"汉代乌孙"可能曾经接触过。就族名音韵相近和部落分布地区相同而言，两族有一定的联系。有哈萨克族的历史研究员指出，史料和出土文物证明了乌孙与同哈萨克族族源有关的诸多部族，如塞种人、匈奴、月氏、康居等，曾经进行长期的文化交流，因此"乌孙与哈萨克族的族源有着直接和紧密的渊源关系"。乌孙不仅是哈萨克族大帐的核心部落，而且也与哈萨克族中帐中的阿巴克克烈、克宰和穆润及小帐中的一些部落有着血缘关系。此外，有中国学者认为乌孙是除康居、奄蔡外一个哈萨克族的主要族源，哈萨克族更是乌孙的后裔。

仅仅因为哈萨克族内有"乌孙"的一部，就认为汉代乌孙是现今哈萨克族的主要族源，从事西域历史研究的中国学者相信这是一个误会。哈萨克族的主要族源是两汉的奄蔡、南北朝的曷萨、隋唐的突厥可萨，次要族源是蒙古汗国和元朝西迁至钦察草原的蒙古人。近现代为哈萨克族成员的"玉逊部落"，最早在辽朝末年游牧于蒙古高原西北部，契丹人和宋人虽然译之为"乌孙"，但其原音是"Usin"或"husin"（乌孙读"Uysun"）。"玉逊部落"是一个中世纪形成的蒙古部落，13世纪前期有一部分随成吉思汗的长子术赤西征，后来留居金帐汗国（钦察汗国）境内，与当地钦察人历经200多年的同化和融合，终于在15世纪中叶形成今天的哈萨克族。"玉逊部落"是操标准蒙古语的蒙古人，不是2000年前居住在伊犁河流域操突厥语的"乌孙"。

可见，盛极一时的乌孙国在内忧外患的形势下西迁葱岭山后，一蹶不振，慢慢地被同化到其他民族中了，而没有发展成自己的民族。

于阗古国：驰名天下的"瑶玉之所在"

　　中国是世界文明古国之一，文明的重要标志是玉器。考古发掘表明，我国发现玉石和使用玉器有上万年的历史。于阗美玉在历史上一直享有盛名，相传早在殷商时期，商王的宫殿里就有用于阗美玉加工而成的各种用具；战国时的王公贵胄更以玉器作为身份的象征；到了两汉时期，越来越多的中原人士钟情于于阗美玉，各路王侯均遣工匠前往昆仑山周围采玉。经过这些采玉人的辛勤劳作，昆仑山下的玉石大批被运往中原，丝绸之路才得以渐渐繁盛起来。

　　古代的于阗人过着怎样的生活？于阗又为何被称为"美玉之邦"呢？由于宗教问题，于阗和哪个王朝发生了战争呢？

于阗为何被称为"美玉之邦"

　　于阗位于今天新疆塔里木盆地南部，是丝绸之路南道的大国。于阗也曾被称为五端、兀丹、斡端、忽炭、扩端、鄂端等，到清代时就称于阗为和阗。1959年，"阗"字简化为"田"字，和阗就成了和田。

　　于阗古国南有昆仑山，北接塔克拉玛干沙漠，是西域南道中最大的绿洲。古代的于阗气候和畅，植物种类多且繁茂，是西域诸国中最早获得中原养蚕技术的国家，手工纺织业非常发达。

　　于阗的名头很大，在我国的史书中常常被提及，如在《汉书》《后汉书》《魏书》《梁书》《周书》《隋书》《旧唐书》《新唐书》《旧五代史》《新五代史》等正史中都记载了于阗古国。然而，于阗古国第一次出现在历史记载中是《史记·大宛列传》："其北则康居，西则大月氏，西南则大夏，东北则乌孙，东则扜弥、于阗。"除此之外，《法显传》《洛阳伽蓝记》《续高僧传》也都对于阗做了记述。

前2世纪，于阗这个城邦之国就已经出现。这里原来是一个五方杂处之地，早期的居民主要是伊朗的塞种人、印度人和汉人。然而，这些人为何能建立一个新的国度呢？这里还有着一个传奇的故事：相传，东土的一位王子因获罪而被流放，留居到了现今于阗国的东部边界。后来就逐渐地形成了一个小小的国家，这位东土的王子也就顺应民意成了这个国度的国王。可是就在此时，印度阿育王的太子遭到阿育王妃的陷害，双目被人挖出。阿育王迁怒于身边的大臣，就把他们全族驱逐到雪山以北。那些被流放迁徙的人们，逐水草而迁居，慢慢地到达了于阗国的西部边界。这些人也建立了一个小型国家，推举德才兼备的人当了国家的首领。

俗话说"一山难容二虎"，两国国王在狩猎时，相遇在荒泽之中，双方都想将对方吞并，而让自己成为统治整个于阗地区的国王。于是，一场激战就在荒泽之中惨烈地展开了。后来，西边君主被击败，在率领人马向北奔逃的过程中，被东边君主的将士砍掉了头颅。东边的君主收集了败军人马，安抚亡国的臣民，让两个部族相互融合、交流、通婚，久而久之，就形成了一个新的国家——于阗国。

张骞出使西域，从大月氏回来时就是经过于阗返回的。西汉时，于阗王都设在西城，人口达1.93万人，全国有3300多户，战士2400人。西汉末年，中原发生战乱，于阗国乘机向外扩张，称雄丝路南道，全国已经有3.2万户，8.3万人口，3万精兵。其国土东起罗布泊，南邻吐蕃，西南至葱岭，西北到疏勒。晋代时，于阗国王被册封为"晋守传中大都附奉晋大侯亲晋于阗王"。

在历史记载中，于阗还是一个崇尚佛法的国家。于阗是我国佛教传入的必经之地，凡传入中国的经典，十之八九都要经过这里。曹魏时，中国第一个汉族西行取经的僧人朱士行来到于阗，访求梵本大品《般若经》。魏晋至隋唐时，于阗一直是中原佛教的源泉之一。4世纪末，法显曾到过于阗。他记载说："（于阗国）其国丰乐，人民殷盛，尽皆奉法，以法乐相娱。众僧乃数万人，多大乘学，皆有众食。彼国人民垦居，家家门前皆起小塔，最大者可高二丈许，作四方僧房，供给客僧及余所须……"玄奘取经途中，也路过于阗，受到热情接待。当时，于阗国已大半是沙碛，但气候和畅，人民的性情也温恭有礼。隋唐时期的于阗地区是西域的一个比较强大、文明程度较高、具有一定代表性的地方政权，一度是丝绸之路南线上最重要的佛教文化中心。

于阗玉，古称"昆山之玉""塞山之玉"或"钟山之玉"，维吾尔族称"哈什"。它的出产地是号称"群玉之山""万山之祖"的海拔3500米至5000米高的昆仑山。玉石经长期风化剥解为大小不等的碎块，崩落在山坡上。随着每年夏季昆仑山上的雪水融化以及下雨产生流水，这些玉石就会将这些碎料冲刷入河水之中。经过河水的冲刷以及河底砂石的磨砺，就会成为上等的于阗玉。

于阗玉按类型可分为硬玉和软玉两种，硬玉的价值大大高于软玉。据史料记载，于阗玉白如脂肪，黄如蒸粟，黑如点漆，红如鸡冠或胭脂。正是由于玉料的色彩纷呈、瑰丽无比，所以自古以来就受到了上至天潢贵胄、下至贩夫走卒的青睐。

而且，于阗玉有着很早的开发利用历史，据考古发现，早在新石器时代之前，昆仑山下的原始人就发现了于阗玉，制成生产用具及装饰物品。

自殷商时代起，于阗玉大举东进，成为宫廷权贵用玉主体，统治者视其为宝物，商代已形成规模开发。在殷墟的"妇好"墓中，曾出土了700多件玉饰随葬品，绝大多数都出自于阗。

春秋战国时期，玉器在贵族阶层中已成为一种不可缺少的珍贵物品。《礼记·玉藻》称"古之君子必佩玉……君子无故，玉不去身，君子与玉比德焉"。玉已成为君子的化身和代表，由此可以得知玉的重要性了。

秦始皇开始，中国实行皇帝制，一直到清代，于阗玉成为帝王玉。皇宫的玉器多是于阗玉制成，特别是象征皇权的玉玺多用玉制作的，其中绝大多数是于阗玉。到了隋唐时期，于阗仍然以玉产地著称于世。据《新唐书·西域传》记载，唐德宗继位后曾派使者到于阗国求玉，得到了一个玉枕、一个玉圭、五个玉佩、300个玉带挎以及其他玉器。

直到宋代，朝廷使用的礼器及乘舆服御，仍然多是于阗玉。至于元明清时代，于阗玉石更是得到了广泛的应用，而且逐渐从皇室垄断发展到了少数平民

于阗雕塑　15.9 厘米 × 10.2 厘米

于阗雕塑　16.5 厘米 × 19.1 厘米

于阗约特干村陶器饰物　7 厘米 × 3.8 厘米

于阗坐佛　12.7 厘米 × 7 厘米

于阗佛像　16.5 厘米 ×16.5 厘米

于阗释迦牟尼像　12.1 厘米 × 8.9 厘米 ×3.8 厘米

也可以拥有和佩戴。尤其是清代乾隆时期，由于朝廷对西域的用兵，打通了于阗和中原的通道，使得于阗的美玉得以源源不断地运送到中原来。同时由于北京造办处玉料工匠手艺的不断发展进步，以及乾隆皇帝对于各种玉器的偏好，使得玉器的发展达到了一个顶峰。

于阗和"伊甸园"之间的秘密

自古以来，"伊甸园"就像一块巨大的磁石，深深地吸引着人们。对于这片美丽的圣土，也有着这样或那样的传说和描述。

"伊甸园"是西方神话中的美好世界，似乎和东方文明有着较大的距离，可是却有学者提出于阗就是《圣经》中所说的伊甸园的观点。这个观点可以说是横空出世，引来了无数关注的目光。

这些学者认为，《圣经》说，"神就照着自己的形象造人""神在东方的伊甸立了一个园子（即伊甸园）"。

《圣经》在记载挪亚方舟的故事时说："……七月十七日，方舟停在亚拉腊山上。"据《水经注》记载：且末河东北流，径且末北，又流而左会南河，会流东逝，通为注滨河。注滨河又东经鄯善国北治伊循城，故楼兰之地也。方舟停的"亚拉腊"山的"亚拉腊"，其实都是"伊甸"或"于田"的不同发音而已。

另外，尼雅河中的"尼雅"与"挪亚"发音相似。"挪亚"英文为"Noya""尼雅"梵文为"Niye"，二者发音相似。在《圣经》中，凡是提到方舟的地方，都没有出现船舱、甲板、桅杆、船帆等象征船的字样，相反却提到三间屋子、门、窗户和天窗等象征一排平房或一座楼房的字样。因此，方舟实际上是三间相连的木结构的平房或一座三层木结构楼房。《圣经》记载说："四十昼夜降大雨在地上……水往上涨，把方舟从地上漂起……方舟在水面上漂来漂去……共一百五十天。"这些话意味着经过四十昼夜大雨后，挪亚的那幢最结实的编笆抹草的三间泥墙平房的泥全被大雨冲尽，并且最后被水"从地上漂起"。

20世纪末，考古工作者在塔克拉玛干沙漠进行考古调查时，意外地在距尼雅遗址以北约 40 千米的地方，发现了一处房屋遗址。这座房屋的大部分被流沙掩埋，从其暴露部分看，其中一面残墙长 3.3 米，地面残留 9 根立柱。在房屋遗址周围，考古人员还采集到春秋战国时期制造青铜器的坩埚、石镰、陶罐、铜刀、纺轮、骨珠等各类典型文物标本。这处房屋遗址与《圣经》中挪亚方舟的形象极为相似。

除了这些之外，这位专家还提出了进一步的证据。世界上叫米兰的地名遍布世界各地，共有 33 个，其中 4 个在欧洲、23 个在南美洲和北美洲、5 个在亚洲、1 个在非洲。远远超过其他任何一个地名。这正是由于亚当和夏娃的后裔在大洪水后是以新疆米兰古城为起点向世界各地扩散的。

塔克拉玛干，在维吾尔语里有两个含义，一是"过去的家园"，二是"地下埋有珍宝的地方"。这两个含义都说明：塔克拉玛干曾是"人类过去的家园"即伊甸园，被大洪水和大流沙埋藏在塔克拉玛干沙漠下的古文化遗迹和珍宝遗产不计其数。

最后，历史上对于阗这个地名的记载，最早见于西汉司马迁编撰的《史记》。于阗，是突厥语的汉语音译。"于阗""伊甸"发音相似，再次证明了以上论点的可靠性。

认为于阗就是《圣经》中所记载的伊甸园的观点惊世骇俗，在学术界还没有被广泛认可，而且也遭到了一些学者的反驳。有学者认为，于阗真正的含义是"花园"。汉文古籍《翻梵语》一书，将于阗译为"优地耶那"，并在后面解释说，这个名字的意思是"后堂"。"优地耶那"就是梵语的"Udyana"，真正的含义是"惬意的果园"或"花园"。有人因此认为，于阗其实就是花园，是于阗人对自己的绿洲之国的称呼。

还有观点认为，"于阗"的意思是"汉人"。椿园的《西域闻见录》一书提出：现在的和阗就是古代的于阗，而回族人把汉人叫作"赫探"。东汉曾在西域建立都护府，派任尚率领部分汉军驻扎在这里。后来，这些汉人就被遗留在这里，于阗人就是这些汉人的后裔，所以回族人将他们的国家称作赫探城。和阗应该就是赫探的音译，后来的清朝方志及史籍都沿袭了这个说法。

也有一些外国学者考证说"于阗"是"玉城"的意思。因为于阗一词为吐

《行脚僧》 纸本彩绘 41.0厘米×29.8厘米

蕃语，在吐蕃语言中，玉石一词为"gyu"，而在古代"于"的读音是"khu"或"gu"。所以"于"是玉石的意思。而西藏语中城邑、村落称为"tong"，与"阗"读音很相近。因此，"于阗"的含义应该是"玉城"或"玉都"，而于阗地区自古盛产美玉，这也就切合了这种说法。

当然，关于于阗的真正含义的观点还有很多，但是由于历史的久远以及史料的稀缺，造成了在考证上的诸多障碍和难题。于阗是"伊甸园"，抑或是"花园""汉人""玉城"以及其他，还有待更多的历史考古发现。

第二篇

西南古国

古蜀国：青铜面具下演绎不朽传奇

　　四川自古就被称为"天府之国"，这里既有山川俊美的自然风貌：地势多样，青峰竞艳，丹壑争流；又有秀冠华夏的历史人文：巴蜀文化源远流长，名人文豪辈出。在这片神奇的土地上还流传着一个个关于古蜀国的动人传说，以至于世世代代的四川人，都很郑重地传下了"不打杜鹃"的规矩。这些传说在感动世人的同时，也使人们疑惑：古蜀国真的存在过吗？有没有古蜀国曾经存在的证据？古蜀国是一个怎么样的国家？这个国家创造了什么样的文明？

　　谁也没有料到，中华人民共和国成立之前，几个处在乱世中的普通农民在挖堰沟时，竟然揭开了通往古蜀国辉煌历史的冰山一角。更没有人料到，几年后，几位普通农民工在施工工地上会发现古蜀国发展演变的种种证据。这一切的一切都深深地吸引着我们去探究那段曾经存在的历史和那个曾经辉煌的国度……

古蜀神秘的历史

　　"蜀道之难，难于上青天！蚕丛及鱼凫，开国何茫然！尔来四万八千岁，不与秦塞通人烟。"这是中国唐朝的伟大诗人李白在其脍炙人口的名篇《蜀道难》中由衷的赞叹！

　　在《蜀道难》中，诗仙李白以浪漫主义的手法，艺术地再现了蜀道峥嵘、突兀、崎岖等奇丽惊险和不可凌越的磅礴气势。在这首描写四川山路的诗篇中，李白也提到了两位存在于传说中的历史人物：蚕丛、鱼凫。这两个人物也被《华阳国志》这部书提及："有蜀侯蚕丛，其目纵，始称王。次王曰柏灌。次王曰鱼凫。"

　　蚕丛，是古蜀国的第一位王，又称蚕丛氏。他善于养蚕，传说中蚕丛穿着左边斜分了衩的衣服，他的眼睛像螃蟹眼睛一样向前突起，他的头发在脑后梳成"椎髻"。蚕丛之前的古蜀人以牧业为主要生活来源，兼营狩猎和养殖。蚕丛见岷江中游和若水流域江边的坝子很适宜桑叶生长，于是到处劝农种桑养蚕。他带领族人继续向东南方向迁徙，他们经过今茂县与汶川之间的茂汶盆地后，逐渐发展农耕。西周时期，蚕丛所在部落被其他部落打败后，他的继任者柏灌率领族人逃到姚和雟（两地于今四川西昌一带）。

鱼凫是古蜀国第三代统治者，正是他重新统一了古蜀国。蜀人再次东迁，从茂汶盆地东南而下经过成都平原北端进入广汉平原。由于与商朝不合，古蜀国参加了周武王讨伐纣王的会盟，还曾经出兵帮助武王伐纣。也就是说，如果神魔小说《封神演义》按照一定的历史事实来写，姜子牙所率领的讨伐商纣的大军中，应该是有古蜀国的兵士的。古书《尚书》记载："武王伐纣实得巴蜀之师。"这就是说，在武王伐纣的过程中，古蜀国的军队起了十分重要的作用。更有意思的是，据说古蜀国军队出战时，都是手之舞之、足之蹈之、一路欢歌的。有人解释说这是在用悠长婉转的号叫增添军威，用请神明附体的舞蹈仪式来增添勇气。可是神明之事毕竟虚无缥缈，而这号叫与怪异的舞蹈，确实还是可以对敌人产生一种威慑作用的。

因为巴蜀有着得天独厚的地理条件，既有险可依，又有肥沃的土壤、丰富的矿藏、成群的野生动物——至今四川等地仍有"天府之国"的美称，虽然在讨伐商纣的战争中古蜀国付出巨大，但是人们的生活还是基本温饱幸福的。可是，在食盐问题上，古蜀国的人民曾经经历过困扰。因为此时古蜀国的食盐都是从川东三峡地区购回来的。川东三峡地区同样做食盐生意的巫鬙和巴人之间，就因为要"争抢客源"产生了极大的矛盾。于是，两个部族之间也就展开了激烈的斗争。这样就影响了古蜀国的食盐供给。为此，作为西南最强大的政权，古蜀王鱼凫一面派出一支队伍驻扎在瞿塘峡以西地区，以阻止巫、巴的纷争，保证长江盐运畅通无阻，一面暗中自己动手采盐制盐，以避免古蜀国的食盐供给因巫巴之争而间断。据说，这支队伍在白帝城西的河滩上垒石扎营，石垒纵横 8 行，共 64 垒，而这就形成了一个类似于八卦的图案。后来，这个壮观奇特的图案就被阴差阳错地记到了以智慧化身的蜀相诸葛亮的名头之下，成了大名鼎鼎的"八阵图"。后来，四大名著之一的《三国演义》中，诸葛武侯还用这个神秘奇特、鬼神莫测的"八阵图"阻击东吴陆逊的追兵。当然，这都是历史上的传说，事实究竟如何还有待历史学家进行严谨的考证。

春秋初期，望帝杜宇从鱼凫家族接过了古蜀国的王位。杜宇的故事最多、最美，传播也最广。史书上说："七国称王，杜宇称帝，号曰望帝。"据说，杜宇是"从天而降"的，他的妻子则是从井中出来的，他的最大功绩是"教民务农"。

古蜀国经常发生水患，虽然望帝想尽各种方法来治理水灾，但始终不能从根本上去除水患。有一年，从河里逆流漂来一具男尸，尸体被打捞上来后，便复活了，他称自己鳖灵，因失足落水，从家乡一直漂到这里。望帝与其交谈，一见如故，于是任命他为蜀国的宰相。不久，大洪水再次暴发。鳖灵接受了治理洪水的任务，他带领民众打通了巫山，使水流向长江，从而根除了水患。杜宇十分感激，自愿把王位禅让给鳖灵。

鳖灵成了新的古蜀王后，号称"开明帝"，又叫"丛帝"。鳖灵刚开始还非常珍惜人民，蜀国国泰民安，但日子久了，丛帝逐渐变得专横跋扈，望帝听说后劝说丛帝，丛帝却关起宫门拒绝接见。望帝无可奈何，化身成杜鹃鸟，飞进宫内悲啼。丛帝为其所感，恢复爱民本心，但望帝却无法恢复人身了。然而，鳖灵统治下的古蜀国在鳖灵子孙手中不知什么原因很快就灭亡了，关于古蜀国的各种文献资料也无法寻觅。

从蚕丛、鱼凫，到杜宇、鳖灵，史书与神话为我们勾勒出了一个富有浪漫色彩的神秘古蜀国，这个神秘的王国也令无数人神往无比。

光辉灿烂的文明

蚕丛、鱼凫，到杜宇、鳖灵的历史虽然有资料，更有着无数的民间传说，但是都由于年代的久远显得有些模糊不清，甚至是真假难辨了。历史，是讲究"证据"的，而最好的证据就要算是考古发现了。

20世纪初的一个凄冷的清明节，广汉月亮湾川西平原的农民燕道诚祖孙三人从自己的屋子里出来，打算在离家不远的林盘地沟边挖一个水坑，然后用水车把低洼处的水输送到高处灌溉。这对于亿万农民来说，只是一个极为普通的日子，然而，这三个普通的中国农民，却在这次劳动中惊醒了沉睡数千年之久的古蜀文明。

燕道诚之子燕青保正当年，可谓年富力强，是一个十分精壮的汉子。就在他高高地举起锄头又重重地落下，锄头与地面接触的一瞬间，一道火星从祖孙三人眼前划过，与此同时，发出了与坚硬物体碰撞的声音。燕青保感觉握着锄柄的虎口和手指被震了一下，他以为挖到了石头，起初并不在意。可是，当他改换位置又挖了一下，还是在锄头和地面接触的瞬间发出了"砰"的一声，这一回他确信下面有一个什么东西了。他把锄头搁在一边，蹲下身子刨开泥土，出现在他面前的并不是一块普通的石头，而是一块像磨盘一样的大石环。此时，这祖孙三人才意识到这次的发现非同一般……

燕青保用手摸了摸，又握住石环的边沿用力一掀。石环动了，机关也被开启了，一个长方形的神秘土坑，以及坑内堆满的许许多多色彩斑斓的玉石器呈现在他们祖孙三人的面前。在这一大坑的玉器面前，燕道诚一家先是目瞪口呆，接着马上意识到他们时来运转的日子到了。他们按捺住激动的心情，环顾四周，见并没有人注意他们，马上将这些玉器掩埋起来。就在得到了这些无价之宝后，燕青保和父亲燕道诚却都突然得了一场大病，而且这病险些要了这对父子的性命。他们由此认为这是神灵对燕家的惩罚，就只好将这份意外之财分送给了亲朋邻里，好求得破财免灾，保住性命。

因为将这些宝贝送给了众多的亲朋好友，自然有人因"待遇"的不同而产生了不满情绪，而且也有人对燕家心存不满，于是这个在地中发现了宝贝的事情也就不胫而走，闹得满城风雨了。后来，华西大学博物馆科学发掘队前来发掘遗址，由于时局动乱，发掘工作只进行了10天便告结束，共获得各种玉、石、陶器600多件。其中包括璧、璋、琮、圭、圈、钏、珠、斧、刀及玉石器半成品共400余件。其中以石璧最具特色。大的石璧直径达80厘米，小的直径仅有几厘米。考古人员擦拭干净玉器上的泥土时，这些精妙的千年古物在灯下焕发出炫目的光辉。

中华人民共和国成立后，考古工作者再次发掘，前后共出土了1000多件美妙绝伦的珍贵文物！出土文物之多、价值之高，引起了世界轰动。这些遗址被称为"三星堆文明"，经考证，三星堆文物属于3000多年前的商周时期。三星堆遗址的发现及三星堆文物的出土，确凿无疑地证明了三千年前古蜀国的

图1

图2

图3

图4

图5

图6

图1

图4

图 2

图 3

图 1：黄色青铜人头像，头像戴发簪，三星堆遗址二号祭祀坑出土
图 2：青铜头，三星堆博物馆
图 3：三星堆陶盉，三星堆博物馆
图 4：青铜口罩，三星堆博物馆

存在。人们开始惊叹，蚕<u>丛</u>和鱼<u>凫</u>真的存在！古蜀国真的曾经创造过灿烂的文明！

三星堆遗址不仅出土了大量的玉器，还出土了数量众多的青铜面具。这些青铜面具几乎全是粗眉毛、大眼睛、高鼻梁、阔扁嘴，没有下颌，表情似笑非笑，似怒非怒。这些青铜面具的两只耳朵上各有一个小孔。这种面具的脸形与现代当地人大相径庭。它代表了什么？人们百思不得其解。三星堆的神奇不仅仅在于它的文明高度发达，更让人惊讶的是，在三星堆出土的文物中，还出现了以吨来计的象牙。象牙原本盛产于印度和孟加拉国，但是在三四千年前的中土蜀国，竟然出现了大象的踪迹，如果不是象群真的在巴蜀古国生活过，就从另一个方面揭示了古蜀国对外交通极其发达。

在三星堆文物中还出土有金杖、青铜神树等精美的文物，这些文物与世界上著名的玛雅文化、古埃及文化非常接近。这是否暗示了中国古文明与世界其他古文明之间存在某种联系？在坑中出土了5000多枚海贝，经鉴定来自印度洋。"不与秦塞通人烟"的古蜀国，居然已经有了作为钱币使用的来自印度洋的海贝，实在令人不可思议。

三星堆文物是具有世界影响的，在中国浩如烟海、蔚为大观的文物群中，属于极具历史科学文化艺术价值，且极富观赏性的文物群之一，在世界文化遗产中也属于顶尖级别的。

神秘的三星堆是怎样消失的

随着一大批精美、神秘的珍稀文物将辉煌的古蜀文明真实而又匪夷所思地展现在我们面前，一连串历史之谜也接踵而来。而这些问题中最引人注目、最令人不解的是：从规模来看，三星堆无疑曾是古蜀国的国都，那么三星堆又是怎样消失的呢？

目前学术界较为流行的说法是洪水惹的祸，部分专家认为包括三星堆遗址在内的成都平原古城群均兴建于三四千年前。当时的气候处于全球性突变气候期，以持续性干燥、伴以突发性洪水为主要特征。成都平原古城群处在青藏高原与四川盆地两大地貌单元接合部，多条河流流经生成多个冲积扇平原，平原上的河流具有易徙的天然性质。从发掘资料看出，在三星堆附近发现的一层 20 厘米至 50 厘米厚的淤泥，且文化层被破坏，被认为是三星堆遭受洪灾的一项重要证据。或许几千年前的一个夏天，成都平原大雨倾盆，一连数十天的狂风暴雨引发了洪水，当洪水冲破古蜀人居住的古城时，蜀民们四处逃散。一部分蜀民被洪水无情地吞噬，另一部分幸存下来，为了躲避洪水，从而迁居他方。

也有人认为三星堆古蜀国不是灭亡于洪水，而是毁于地震。有专家称在三星堆附近发现的淤泥，只在一个狭窄的层面存在，而其他地方的文化层都还存在，不可能是发生过大规模的洪水。从三星堆出土的文物来看，几乎都有不同程度的灼伤痕迹，充分说明以前曾经发生过火灾。是不是古蜀国曾发生了强烈的地震，地震将古蜀国一举摧毁，而地震后引发的火灾将这些文物烧成现在的样子呢？而且在几千年前，古人生活在木结构的房屋中，地震后诱发火灾十分可能。李白的《蜀道难》中有一句"地崩山摧壮士死"的情形与地震类似，可以作为佐证。

也有人认为三星堆古蜀国的灭亡是战争导致。在距今 3200 年左右的商代晚期，生机盎然的三星堆文化发生突变，具有典型的三星堆文化风格的陶器在此时开始消失，代之而来的是大量的尖底陶器和圜底釜。而尖底杯等曾在商代早、中期大量流行于鄂西地区，是早期巴人所使用的典型陶器。三星堆文化最强盛时，古蜀国人的生活中心在成都平原，川东长江沿岸和鄂西地区的势力很弱。此时的鄂西，一种以使用尖底杯和圜底釜为代表的文化发展壮大，这就是早期的巴人文化。渐渐地，巴人将三星堆的势力挤出了鄂西地区。在三星堆文化末期，不知何故，巴人突然放弃了鄂西这块生长已久的故土，沿长江举族西迁，用武力占据了成都平原，古蜀国人被驱逐，三星堆古蜀国文明从此消亡。

历史总是在不经意间和我们不断开玩笑，多少年来人们一直寻找的古蜀国存在证据竟被几个挖水沟的农民找到。更让世人惊诧不已的是，在三星堆文明被发现之后不到 100 年，几位农民工竟然又在无意间发现了三星堆文明的继任者——金沙文明！

2001 年 2 月 8 日下午的晚些时候，成都市西郊苏坡乡金沙村外一块高洼

清　《蜀栈行旅图》　袁耀　266 厘米 ×275 厘米

不平、乱石四散的工地上，几十名农民工正随一台先进的现代化挖掘机挖掘一条壕沟。就在挖掘机伸出的巨手将紧攥的一大堆泥土向壕沟外抛撒开来的时候，负责运土的一名农民工突然发现一些破碎的陶瓷残片，细心的他慢慢试着扒开泥土，果然，一个精美的铜像出现在眼前。消息传开后，几个民工很快从一堆新鲜的泥土中翻出了十几件石人、玉人、铜人、铜牛头、玉镯、玉璧等精美的古器物。

当晚，考古专家初步鉴定，这处工地为一处极具研究和考古价值的遗址。第二天上午，市文物考古工作队进驻现场，对挖出来的浮土进行翻查，并开始着手考古发掘工作。很快，他们就从遗址中清理出珍贵文物1000余件。这些文物包括金器30余件、玉器和铜器各400余件、石器170件、象牙器40余件，出土象牙总重量近一吨。此外还有大量的陶器出土。据考古工作者初步鉴定，这些出土文物绝大部分属于商代晚期和西周早期，少部分为春秋时期。

出土的30多件金器，如金面具、金带、圆形金饰、喇叭形金饰与三星堆的青铜面具在造型风格上基本一致。出土的400多件青铜器主要以小型器物为主，有铜立人像、铜瑗、铜戈、铜铃等，其中铜立人像与三星堆出土的青铜立人像相差无几。石器有170件，包括石人、石虎、石蛇、石龟等，是四川迄今发现的年代最早、最精美的石器。最引人注目的是在金沙遗址中出土的种类繁多、样式瑰丽、价值连城的玉器。其中最大的一件是高约22厘米的玉琮，颜色为翡翠绿，雕工极其精细，表面有细若发丝的微刻花纹和一人形图案，其造型风格与良渚文化的完全一致，由于玉质优秀、色泽亮丽、雕工完美，可谓是国之重器了。

当金沙遗址第一批文物从泥土中被发掘清理出来时，考古学家们就不约而同地惊叹：它们跟三星堆器物简直太像了。专家们立刻意识到，它和三星堆可能有着密切的关系。

在进一步的研究中，考古工作者发现在金沙遗址中出土的青铜小立人是金沙最具有代表性的青铜器。而当年在三星堆出土过一个相差悬殊的青铜大立人，它们的造型极其相似，同样的长衣，同样的姿态，空空的手中似乎都握着什么东西。在金沙遗址还发现了一些青铜神鸟，它们和三星堆神树上的挂件极为相似。专家们研究出土文物后发现，金沙遗址的出土器物在造型风格和纹饰特征方面与三星堆的器物基本一致。只是，从金沙遗址的金器、玉器的制作水平分析，已明显比三星堆时期成熟高超。金沙遗址的年代又略晚于三星堆遗址。种种迹象都表明，三星堆文明因某种特殊的原因从广汉突然消亡后，迁徙到了以金沙为中心的宽阔地带，并在此延续和发展。

不论这种猜想是否准确，金沙遗址终于解开了一个巨大的疑惑。古蜀国在三星堆突然消亡以后，它并没有从这块土地上"蒸发"，而是悄然迁徙到了成都平原的腹地，继续以其独特的文化面貌发展着。并在这片富饶却相对中原文明独立的土地上发展出了一套自己的文明体系。可以说，古蜀国人民在金沙的生息繁衍是对在三星堆的一个继续和发展。

三星堆玉琮

滇国：云南古代少数民族建立的奴隶制帝国

　　1955 年 3 月 3 日，云南省博物馆在晋宁石寨山的首次发掘中发现了大批精美的青铜器、黄金饰品以及一个早已消失在人们视线中的古老王国——滇国。

　　2000 多年前，滇池沿岸有过一个古老的王国，司马迁在《史记》中称之为"滇"，然而从 1 世纪开始，滇国就销声匿迹，人们不知其为何消失，又去往了何处，关于滇国的一切都湮没在了历史长河中。这次滇国的重现人间，就使得璀璨的滇文化，重新被人们所提及。它就像一颗耀眼的明珠，在历史的尘埃中沉睡了 2000 多年。今天，抹去尘埃的它再次发出夺目的光芒，我们将发现它的美艳、它的迷人……

滇国的历史

　　2000 多年前，古代越系民族中的一支渐渐占据了以滇池地区为中心的云南中部及东部地区，大致包括今昆明市全部、曲靖和玉溪大部分地区，红河州、楚雄州和文山州的一部分地区，形成了一个以越系民族为主体的滇民族。

　　周赧王十五年至三十五年（前 300 年至前 280 年）之间，楚国将领庄蹻率军从古吴、越之地出发，在征服了夜郎部落后，向西到达滇池地区。因周赧王三十五年（前 280 年），秦国司马错夺取了楚国的黔中郡，切断了庄蹻东归之路，庄蹻及其部下只好留下来，易服改制，将中原文化大规模地传至滇中，带来了先进的农耕技术、冶炼技术、建筑艺术，滇中地区迅速繁荣起来，势力不断扩大。在率众击退秦国的进攻后，庄蹻众望所归地成为国王，滇国也成为滇中地区第一个统一的王国，在历史上延绵存在 100 多年。庄蹻建立的滇国，势力范围北起南盘江，南至红河，西抵澜沧江东岸，在那个时代的西南地区可谓是一时之翘楚。

　　然而，滇国历史虽久，但到西汉时才受到中原王朝的注意。汉武帝当时采纳张骞的建议，要派使臣来滇国，但均因云南西部昆明国的阻拦而未成行。前112年，汉武帝征服了盘踞两广的南越国，兵临滇国东南部，灭掉了其周围几个小国。在大军压境的形势下，西汉王朝曾遣使劝说滇国降汉入朝，但滇王依仗自己尚有实力，又有周围"同姓相扶"的劳浸、靡莫等部落的支持，拒绝臣服。愤怒的汉武帝于西汉元丰二年（前109年）发兵进攻滇国，气势汹汹、不可一世。滇王无力抗争，只得降汉，滇国正式隶属于西汉王朝。滇王举国归附，汉武帝正式承认滇国，并赐刻有"滇王之印"字样的王印一枚。至此，滇国纳入汉朝版图，汉武帝在滇国领地设置益州郡。

　　至西汉末年，大量中原及东部沿海的汉族人陆续移民云南，滇国及滇人在潜移默化中被逐渐分解、融合、同化，郡县制逐步取代滇王的地方政权。

　　至东汉中叶，长达数百年的古滇文明彻底失落，而文化的消亡也标志着滇国的彻底消失。

　　这一点从在滇池沿岸的东汉墓葬也可以得到证明。到了东汉，墓葬的本地特征越来越少，典型的东汉砖石墓中出现了水田模型、陶器、陶俑和巨大的封土堆。2006年，位于云南澄江县抚仙湖畔的金莲山墓地被发现，经过考古学家的研究，墓地时间被确定为上限西汉晚期，下限东汉时期。墓葬中首次发现用中原汉墓中出现的明器随葬的情况，并用大量陶制器物取代云南青铜文化高度发达时期的各类金属器物，这些无一不在证明着滇文化的衰落和滇国的消亡。

　　就这样，一个曾经有着赫赫威名的国家就这样消失在历史长河中湮没不闻了。直到2000年后的一天，滇国这个神秘的国度才得以重现人间。

　　中华人民共和国成立后，考古工作者在与江川相邻的晋宁石寨山发现了古遗址和古墓地，并对其进行了考古发掘。这次发掘，出土了100余件刻铸有各类人物形象和活动场景的青铜器。这些青铜器大致是战国时期到西汉时期的制品，青铜器上所绘人物形象和生产生活场景与之前发现的同期或早期青铜器内容、风格完全不同，带有明显的云南地域特点。

　　因此，有学者推断说这些文物和消失在历史中的滇国有着千丝万缕的联系。于是，考古工作者又对其进行了第二次发掘。在第二次考古活动中，一共发掘

西汉（滇文化）房屋的青铜模型　高 7.9 厘米

了 20 座古墓。其中第 6 号墓长 3.40 米，宽 2.30 米，深 2.58 米，墓内存放着一具制作精美的朱黑漆棺，随葬品有金器、银器和铜器等共计 137 件。以青铜器最为丰富，有古代记载国之大事的青铜重器，还有各种人物、屋宇、模型、饰物和贮贝器；有代表墓主尊贵身份的编钟和随侍铜俑；有各式兵器如戈、矛、剑、戟等；生活用具有铜镜、炉、釜、熏炉等，数量众多，种类复杂……但是，考古工作者只能通过这些文物推断出墓主人的地位不一般，想要真正揭开墓主人的面纱还得通过艰难的史料考证和查实。可是，就在考古工作因为迟迟不能揭开墓主人身份而一筹莫展时，一个惊奇的发现出现在了人们的视线中——一个考古人员在清理棺底时，发现了一枚金印，上面清晰地刻着四个篆字：滇王之印。

自此，真相大白，墓主人就是千百年前在滇国这片古老而又神秘的土地上发号施令的君主——滇王。而一度备受争议的滇国存在的真实性争论也终于有了答案。

原来除了《史记》中有关滇国的记载，滇国的存在长期以来都找不到佐证，很多人都在质疑古滇国的存在以及《史记》记载的真实性。6 号墓滇王金印的发现，除证明石寨山遗址是滇王及其家族的墓地外，也证明了《史记》等汉文古籍有关古代滇国的纪事的可靠性。

根据《史记·西南夷列传》记载，从战国至西汉中期，滇国是存在于该地区的一个奴隶制王国，强盛一时。《史记·西南夷列传》中记述"西南夷君长以什数，夜郎最大；其西靡莫之属以什数，滇最大；自滇以北君长以什数，邛都最大：此皆魋结，耕田，有邑聚。其外西自同师以东，北至楪榆，名为嶲、昆明，皆编发，随畜迁徙，毋常处，毋君长，地方可数千里"，折射出滇国在西南地区的强盛。

青铜文化因何成了滇国的名片

从晋宁石寨山和江川李家山古墓葬中出土的大量代表古滇国文化特征的器物，如著名的牛虎铜案、青铜播种贮贝器、祭祀铜扣饰以及各种铜俑、铜鼓、钟、铜戈、铜矛、铜锄、石器、土陶、金银饰物等，也都反映了当时古滇国兴盛繁荣的情景。

提起滇国，映入眼帘的可能是一片荒芜的不毛之地，但事实上滇人手工业发达，尤以青铜冶铸闻名。近年出土的大量考古资料表明，在春秋末年至西汉初年，滇人已进入青铜器时代。学术界已经确认，他们代表着云南青铜文化发展的最高阶段。

西汉（滇文化）青铜管銎戈　22.9厘米×16.5厘米

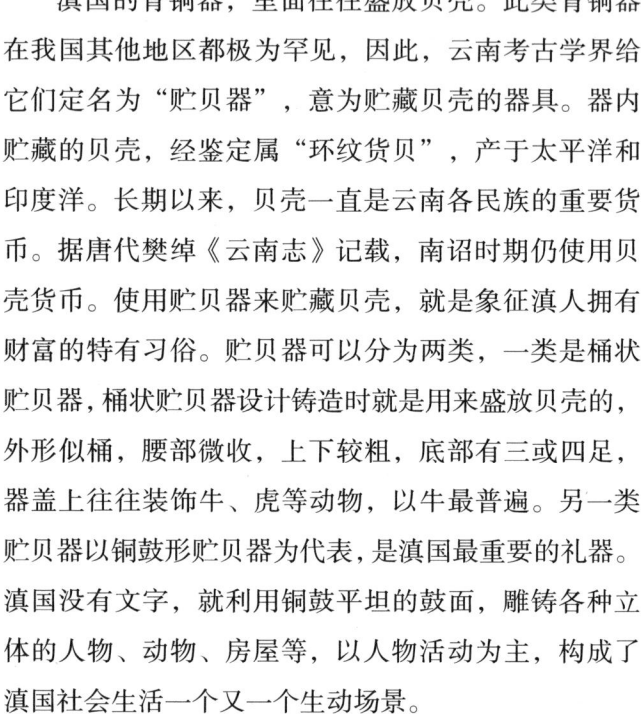

西汉（滇文化）青铜矛　33厘米×3.2厘米

　　滇国的青铜器，里面往往盛放贝壳。此类青铜器在我国其他地区都极为罕见，因此，云南考古学界给它们定名为"贮贝器"，意为贮藏贝壳的器具。器内贮藏的贝壳，经鉴定属"环纹货贝"，产于太平洋和印度洋。长期以来，贝壳一直是云南各民族的重要货币。据唐代樊绰《云南志》记载，南诏时期仍使用贝壳货币。使用贮贝器来贮藏贝壳，就是象征滇人拥有财富的特有习俗。贮贝器可以分为两类，一类是桶状贮贝器，桶状贮贝器设计铸造时就是用来盛放贝壳的，外形似桶，腰部微收，上下较粗，底部有三或四足，器盖上往往装饰牛、虎等动物，以牛最普遍。另一类贮贝器以铜鼓形贮贝器为代表，是滇国最重要的礼器。滇国没有文字，就利用铜鼓平坦的鼓面，雕铸各种立体的人物、动物、房屋等，以人物活动为主，构成了滇国社会生活一个又一个生动场景。

　　滇国另一种国之重器为铜鼓。鼓身分为胴、腰、足三部分，胴、腰部分往往装饰羽人、舞人、舟船、牛等花纹，制作精美，纹饰繁缛，鼓面有太阳纹，晕圈，装饰翔鹭。在西南古代民族的宗教信仰中，击鼓可通神灵。因此，铜鼓是祭祀中必备之物。两汉以后，铜鼓还用于号召部众进行战争、传信集众、婚丧喜庆、歌舞娱乐等方面，成为滇国贵族的重要乐器，正如唐代诗人白居易所说："玉螺一吹椎髻耸，铜鼓千击文身踊。"时至今日，我国壮、侗、水、苗、瑶、仡佬、布依、佤等少数民族还相当珍爱铜鼓。

　　滇国出土的这些青铜器，具有极高的工艺水平和艺术价值，其中的牛虎铜案更是堪称天下无双的国之瑰宝。

　　牛虎铜案在1972年出土于江川李家山墓地，为古代祭祀时盛牛羊等祭品的器具，高43厘米，长76厘米，重17公斤。形体为一站立的大牛，四蹄作案腿，前后腿间有横梁连接，以椭圆盘口状牛背作案面，大牛腹中空，内立一小牛。牛后部一圆雕猛虎咬住牛尾，四爪抓住大牛的后胯。大牛颈部肌肉丰满，两巨角前伸，给人一种头重尾轻的感觉，但其尾部铸有一虎，一种后坠力使案身恢复平衡。大牛腹下横置的小牛增强了案身的稳定性。在艺术风格上，充分利用对比、反衬、烘托的手法，把牛虎的神态、动作刻画得惟妙惟肖。老牛驯良，小牛可爱，猛虎残暴，构成一种极具震撼力的画面，也反映了滇人独特的艺术审美风格。今天，它作为云南历史文物的标志被放大，安放在云南省博物馆的门前。

　　滇国没有自己的文字，青铜器成为他们记录自己生活的画板。通过滇国高度发达的青铜器，通过那一幅幅生动的古代先民生产、生活画卷，我们仍然可以一窥滇国生活的真实面貌。著名的青铜器有石寨山杀人祭祀贮贝器、纳贡贮贝器、纺织贮贝器、江川李家山的牛虎铜案等。叠鼓形战争场面盖铜贮贝器表

云南省出土的滇人制造坟墓中，有两只老虎和七只牛

145

现的是激烈的战争场面。杀人祭铜鼓场面盖铜贮贝器表现当时滇人举行"祈年"仪式，通过杀人祭祀，以求得农业丰收。纺织场面铜贮贝器的器盖上铸有铜俑18人，均为女性，中间一人为女奴隶主，在监督女奴隶从事纺织劳动，栩栩如生地再现了当时的生产图景。这些青铜器反映的生产、生活内容涉及战争、献俘、纺织、纳贡、狩猎、放牧、斗牛、乐舞等各方面，为我们展示了一幅幅生动的画面。

而滇国青铜器中直接表现牛的题材最多，这也反映了在以农业为主的滇族社会中，畜牧经济仍占重要地位。同时，在这些青铜饰物中，表现猛兽格斗或群咬激烈情景的很多，其中尤以刻画虎豹凶猛形象者居多。如有的青铜器常饰以虎豹纹，有的将器耳铸成虎形，有的铜器刻画饲虎形象，也有的在铜器上雕铸蟠蛇立虎的铜柱图像作为奴隶主权威的标志，等等，这也表明了滇人将虎豹作为勇猛威武的象征而受到崇敬。

古滇国的工匠们不但具有高超的艺术水平，他们已经能够掌握铸造技术中铜和锡的合适比例。兵器中锡的比例较大，使其硬度提高；装饰品中锡的比例较小，以便造型，反映出古滇人已熟知不同金属的性能。有的器物表面经过了镀锡、错金、鎏金的处理，镶嵌以玉石纹案，有着对称和端整的外形，花纹精致繁缛。贮贝器和一些扣饰上的人物，虽不过3厘米大小，但都眉目清晰，面部表情可见。器物上线刻的纹饰很浅，但技法却很熟练，都是2000年前工匠们凭手工刻画的。这些文物都表明，滇国创造了灿烂无比的青铜文化，而青铜文化也成了滇国的名片。

南诏国：百族聚居的边陲古国

南诏是唐天宝年间出现在中国西南部的一个奴隶制政权，国境包括今日云南全境及贵州、四川、西藏的部分地区，以及越南、缅甸的部分土地。南诏国是以乌蛮蒙姓为国王，在中国西南的这片沃土上生息繁衍、不断发展壮大，逐渐从野蛮走向文明，逐渐从渺小走向辉煌……最终成为中国历史上不可或缺的一个国度。

可是，最强盛的国度也有走下坡路的时候，甚至这下坡路有时是通向灭亡的必经之路。937 年，南诏国在完成了它近 200 年的统治之后，终于消失在了历史的舞台上，然而它却留下了许多问题，等着人们去研究、探索……

"金瓶" 中藏着的秘密

自古以来，中国西南部的云南地区，各族聚居，名号繁杂，《新唐书》载"群蛮种类，多不可记"。

秦朝时，常頞在这片风俗不同的地方开辟了五尺宽的道路，使得从蜀到滇这两个地区有了联系。汉朝时，汉武帝派将军郭昌灭滇国，置益州郡，东汉时增置永昌郡。三国时期，诸葛亮平定南方，又增置兴古、云南二郡。此后各朝陆续增置州县，扩大汉族的统治权，同时对于其他民族采取的是抚剿参半的政策。

隋唐时期，在今云南地区错杂散居着许多部落，名号繁多，主要来说以白蛮与乌蛮两个部族为主。唐初，乌蛮大体仍过着畜牧生活，还不会纺织，男女都用牛羊皮制衣，其社会发展较白蛮落后。由于南诏各地长期落后，唐朝时设置都督府管羁縻三十六州。羁縻的意思是来去任便，彼此不相干涉。在这种羁縻状态下，汉族统治阶级的势力扩张缓慢，而各族首领开始膨胀，逐渐在各州县恢复了统治。唐天宝年间，乌蛮征服了当地的白蛮，建立起 6 个诏（即 6 个王国，分别是：蒙舍诏，在今巍山彝族回族自治县境，因地居最南，故又称南诏；蒙嶲诏，在今巍山彝族回族自治县北部，为蒙舍诏北邻；越析诏，在今宾川、凤仪二地；邆赕诏，在今洱源县；浪穹诏，在今洱源县；施浪诏，在邆赕诏东北）。

就这样，南诏成了中国西南部的一个奴隶制政权，国境包括今日云南全境及贵州、四川、西藏的部分地区，以及越南、缅甸的部分土地。南诏国是以乌蛮蒙姓为国王，白蛮大姓为辅佐，集合境内各族包括汉族共同组成的统一国家。然而，南诏国轰轰烈烈地走过了它近 200 年的统治之后，却神秘地消失在历史的长河之中了，这就更增加了南诏这个西南古国的神秘。可是，历史注定不会让南诏永远孤独，在南诏消失千余年之后，一个小小的瓶子给了它重新走入人们视线的机会。

21 世纪初的一个夏天，在云南大理州巍山彝族回族自治县，一位彝族老农进山采药。雷雨不期而至，老农赶紧找个山洞暂避风雨。这个山洞的洞口十分狭窄，走进去之后忽然开朗了很多，借着微弱的亮光，老农发现洞壁上有人刻凿过的痕迹，越往里走，洞里越黑，但老农禁不住好奇心的诱惑，继续向前走去。可是就在继续向前走时，通过天空中划过的闪电，他发现山洞深处显现出一些金灿灿的瓶子状的东西。不知为什么，老农惊恐万分，不顾洞外大雨滂沱，跌跌撞撞地落荒而逃了。而且回家后便一病不起，不久就去世了。

后来，人们才渐渐从当地的一些老人口中得知了那个老农一见到金瓶就落荒而逃的原因。原来，在当地一直流传着这个古老的说法，在一个极其隐秘的山洞里藏匿着许多国王的金瓶，但从没有人能够找到它们。那些金瓶是属于很久以前的国王的，里面存放的是他们的灵魂。如果遇到了金瓶就冒犯了国王的灵魂，也就会受到国王的惩罚。所以，那天老农在发现金瓶之后害怕打搅国王的灵魂，所以被吓得落荒而逃了……

老农离奇死亡之后，人们对金瓶的恐慌、好奇也渐渐变淡，这个诡异的故事成了当地人茶余饭后的谈资。但考古工作者们却始终关注着这些山洞中的金瓶，他们日益密切地关注着发现金瓶的大理市的苍山。

据史书记载，南诏王死后，会割下双耳，存放于金瓶里面，藏进密室，到

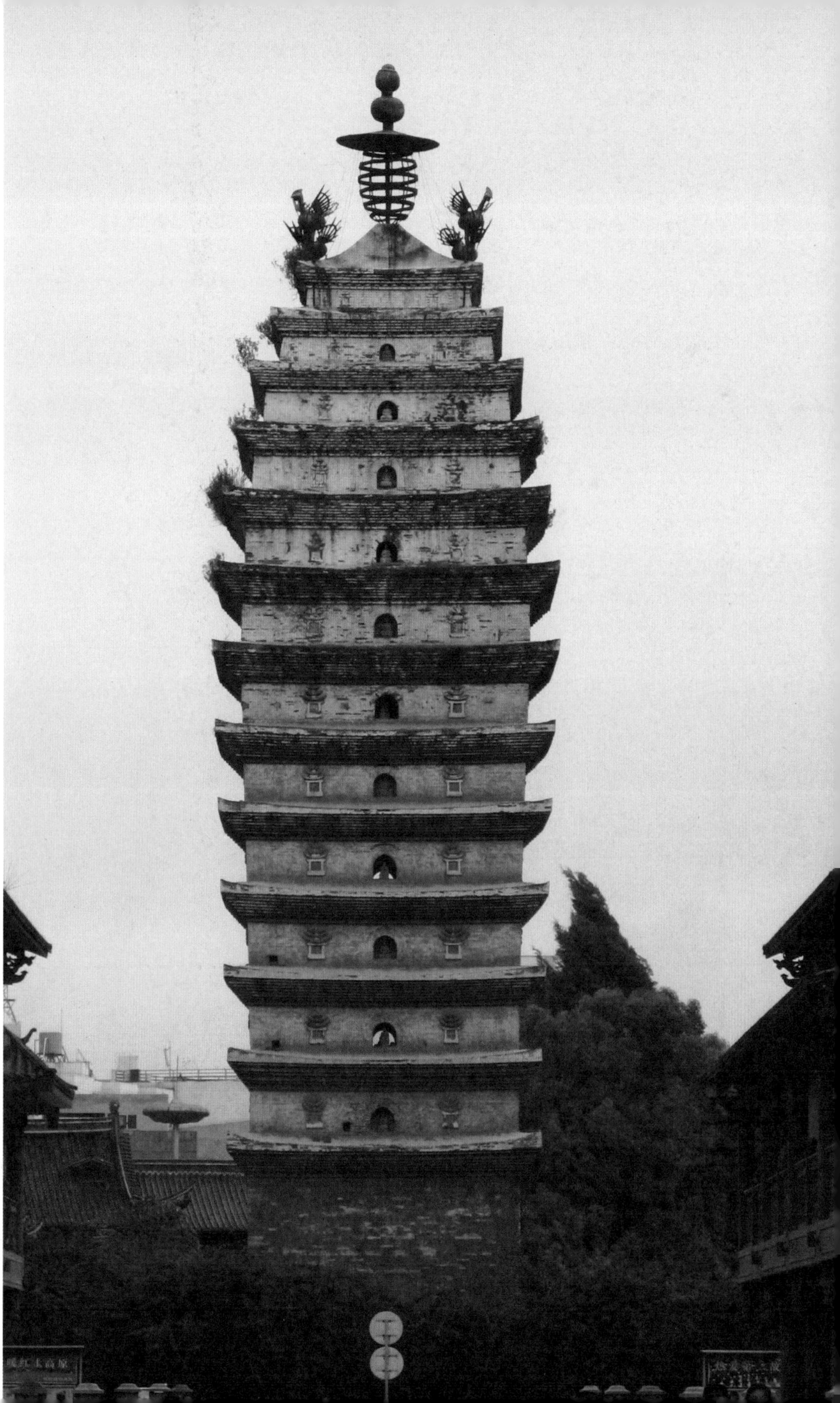

东塔西面

唐三彩，骑马俑　38.1 厘米 ×10.8 厘米 ×33.7 厘米

时候适时取出祭祀。皇帝安葬完以后，派人将金瓶藏到密室里面，这个秘密只有继位的南诏王才知道。为了不让后人发现这个金瓶的所在地，首先派第一批人把金瓶储存收藏埋好，之后再派第二批人，把知道这个洞穴所在地的人杀掉，杀掉以后，藏洞的地点就永远是个谜了。这样的传说和记载顺理成章，但因为没有发现山洞，人们始终无法证实它的存在。

大理地区曾有过南诏和大理两个地方王朝，它们的都城就建在了苍山脚下。但有关这两个王朝的文字记载却寥寥无几。这两个王朝先后存在了500多年，但灭亡已有近1000年的时间，明朝时，朱元璋派傅友德平云南后，把所有在官典籍全部烧毁了……

或许，只有地下还可能埋藏着两个王朝的废墟。经过一个多月的发掘，考古工地的现场有了明显的变化。一些大大小小的土坑被清理了出来，人们发现在每一个土坑中都埋放着一块大石头。土坑中的大石块呈现了一种古人特殊的建筑手段，那就是在坑中先放上石块，然后在石块上竖起木柱。用这样的办法建筑房屋，正是南诏、大理时期建筑的特点。

有人认为，由于南诏、大理只是两个地方王朝，国力无法和中原王朝相比，没有足够的实力为每一位国王修建大型的王陵。也有人认为，南诏、大理远离中原地区，其丧葬习俗与中原地区完全不同，他们信奉佛教，时兴火葬，所以无须为保存尸骨大兴土木。在考古发掘中，工作人员发现了大量的火葬墓，墓穴中只有一个装着死者骨灰的火葬罐。随着死者身份的不同，火葬罐的材质也不同。普通百姓也就是一个陶土烧制的罐子，只有在贵族的墓葬中才能见到精致的火葬罐。照此推理下去，国王用金罐完全符合逻辑。

在考古现场，发掘依旧在进行着。考古工地所在的位置并不是记载中当年都城的中心地带，但人们在地下还是发现南诏、大理时期留下来的建筑遗迹，证明这里的确有都城建筑存在。这便从考古发现的角度，找到了南诏国和大理国存在的证据。遗址里面发现了南诏的有字瓦、铺地砖、铺地绿釉砖等。这些构件组成了一个王陵探查的重点。各种迹象表明，南诏国的王陵是存在的，国王的金瓶也是存在的，随着考古发掘的进一步深入，国王们的黄金火葬罐必定会出现。

考古发现震惊世界

　　首都是一个国家之本，中国古代的历代王朝，除了殷商因为黄河水灾而曾多次迁都外，其他的很少有多次迁都的记录。迁都并不只是表示一个地理位置的变动，一个政权一旦有意识地迁移统治中心，大多最终会选择一个比原来条件更好的地理位置；迁都如果是由天灾人祸所逼迫，就常常是一个政权开始风雨飘摇、走向衰亡的征兆。对南诏而言，都城从巍山迁到苍洱地区，是谋求自身发展的重要选择，它的迁都，在自然、政治、经济、军事等各个方面都是非常明智的。

　　很多年来，关于南诏频繁迁都的解释见仁见智。经过多年考证，史学家发现，南诏迁都的最主要原因，是地理环境和经济发展水平的差异。

　　南诏的发祥地巍山，地处哀牢山和无量山的北端。唐代前期，那里土地肥沃，是种植禾稻的好地方。但是，巍山的气候干湿和季节变化分明，春季干旱非常严重。而且，周围峻峭的山岭阻碍了与外界的交通。更不利的是，根据古代文献记载，巍山一带瘴疠横行，恶性疟疾等传染病常常夺当地人性命于无形。而苍洱地区自然环境、交通和社会经济等发展状况远远优于巍山，在疾病的威胁下，迁都是一个明智之举。

　　南诏建国初期，国王皮逻阁雄心壮志，他并不满足于六诏之地，有着宏伟的目标。作为一个新兴的少数民族政权，发展自身、寻求扩展、壮大势力才是他的理想。迁都苍洱地区10年后，南诏在唐朝与爨部的矛盾中插手并兼并爨部，而后又起兵叛唐，就是因为南诏原本就想扩张势力，迁都正是势力扩张的前提。定都于苍洱之间，进可以通好唐朝，退可以结交吐蕃，往东可以进占滇池地区，往西可以通过控制永昌，将更远的西方纳入南诏王的视线，迁都无疑提供了一条宽阔的政治扩张之路。

　　皮逻阁首先把都城定在太和城。太和城建在苍山佛顶峰和五指山之间的缓坡上。险峻的苍山在西面，宽阔的洱海水域在东面，城墙主要延南北两道修建，西面向苍山敞开，以山为墙，东面向洱海敞开，以水为池，这样，"以山为壁，以水为壕，内高外低，仰攻甚难"。史书中记载太和城的建筑极有特点，街区巷陌都是用石头垒砌而成，这种用石头作为建筑原材料的习俗一直延续至今。今天，在大理古城依然可以看到那些朴实无华的石头建筑。

南诏统一后的第二座都城是大厘城。大厘城又名史城、喜州城、喜洲等，位于大理坝子中最为平坦的地方。早在唐朝初年，它就是一个人烟繁聚、交通便利的处所。在南诏第6代国主异牟寻时，曾经在大厘城居住过两年，当时叫作史城。到第10代国主劝丰祐统治时期，又建喜洲土城，并且将王宫迁到那里。遗憾的是，关于劝丰祐在喜洲的情况没有更为详细的资料，甚至什么时候又回到羊苴咩城也不清楚。作为一座都城，无险可倚是喜洲的致命弱点。所以，南诏以后，再也没有统治者将它作为政权中心的所在地。

羊苴咩城是南诏最终选择的都城。羊苴咩城和太和城一样，只有南、北两道城墙，西依苍山为屏障，东据洱海为天堑，形势十分险要。《蛮书》记载，羊苴咩城方圆有15里，城内建有南诏宫室和官吏的住宅。

除了通过考古工作，对南诏的都城变化有了一定的了解之外，考古工作者还对南诏特殊的文化进行了一番深入的探究。

由于实现了长期的局部统一，政治稳定、经济繁荣、国力强盛、对外交往频繁，南诏以主体民族白蛮的文化为基础，主动汲取外来文化，形成了独具地方民族特色的南诏文化。南诏文化具有汉文化、佛教文化、南亚文化、东南亚文化色彩，具有"兼容并蓄"与多元文化的特点。

南诏文化的渊源，可以上溯到春秋战国至秦汉时期的云南青铜文化。在商朝末年至西周初期，今天大理剑川一带率先进入青铜时代，开启了云南青铜文化的大门。洱海地区的青铜文化由西向东发展，到达滇池周围，发展成为"滇文化"。

以滇文化为代表的云南青铜文化，与中原商周青铜文化、四川广汉三星堆为代表的巴蜀青铜文化，并称为中国古代青铜文化的重要类型。江川李家山、昆明羊甫头两处滇文化遗址的发掘，成为"中国十大考古发现"之列。

1998年，考古工作者对昆明羊甫头墓地进行了发掘，出土了青铜器、陶器、漆木器、铁器、玉石器等4000余件。滇文化墓葬的特点，仍然以"滇式器物"为主，地方文化色彩明显。南诏时期使用铜鼓，流行祭柱、跣足、文身，交通有舟无车，居住依山傍水，青铜冶铸业、纺织业发达，种植水稻，等等，都与滇文化一脉相承。南诏羽仪军士所执兵器"铎鞘"，与滇文化中的锯齿形器如出一辙。考古发现证实了"滇文化""南诏文化"之间的继承与发展关系。

目前，由于《南诏图传》、巍山垅屿图山佛教石刻造像、凤仪北汤天古本佛教经卷、崇圣寺千寻塔与弘圣寺塔塔藏文物、火葬墓等一系列考古发现，加之对剑川石钟山石窟、佛教典籍、南诏太和城研究的深入，南诏国历史文化的研究取得了突破性的进展，而南诏的文化风貌也将逐渐展现在人们面前……

南诏国是如何建立的

南诏国王姓蒙，始祖名舍龙。蒙舍龙原先祖居在哀牢，后来因为得罪了仇家，两家结下不共戴天的仇恨，为了躲避灾难，蒙家举家迁到蒙舍川隐居。蒙家迁来之后，仍是当地的大户，全家隐姓埋名，低调处世，又乐善好施，很快得到了当地百姓的拥戴。

蒙舍龙有一个儿子名叫龙独逻，又名细奴罗。唐太宗时，白蛮大姓蒙舍诏酋长张乐进求让位给细奴罗，细奴罗成为当地的各族酋主。在争取当地各族百姓支持的同时，细奴罗特别注重发展和北方强大的唐王朝的关系，积极寻求唐朝的支持。653 年，细奴罗遣子逻盛炎入唐朝为质，得到了唐朝中央政府的信任，唐高宗任命细奴罗为巍州刺史，对其在当地的统治予以支持。

为了躲避仇祸而被迫远走，没想到很快成为当地的首领，蒙家在云南地区上演了一幕咸鱼翻身的大戏。在细奴罗时期，这场戏远没有达到顶峰，他的后人皮逻阁继续努力，一举创立了南诏国。

南诏巍山彝族回族自治县垅屿图山遗址出土文物

当时，西藏吐蕃势力强大，进入洱海湖区北部。南诏距离吐蕃最远，受威胁较小，因此仍依附于唐朝。唐朝为了抵御吐蕃，大力支持南诏进行统一战争。在唐王朝的支持下，南诏先后征服了西洱河地区的白蛮诸部，取代了"白子国"，并灭了其他五诏，统一了洱海地区，建立了统一的南诏国，定都太和城。南诏统一洱海地区，无疑是唐朝统一天下的一个重要步骤，既为汉族的政治、经济、文化、军事在云南产生了重大而深远的影响，也为白族的形成奠定了基础。为嘉奖南诏皮逻阁统一洱海地区的功勋，唐玄宗于738年册封他为"南诏王"。

然而，南诏的野心没有就此终止。不久，皮逻阁利用滇东爨部的动乱，挥戈东进兼并爨部，与唐朝发生激烈冲突。南诏在吐蕃的支持下大败唐军。这时候，唐朝政府由于安史之乱中央朝廷不能自保，势力被迫退出云南。南诏借此机会，迅速统一了云南。

此后，南诏与唐朝和吐蕃进行了长期的斗争，总的来看，唐朝的势力在南诏越来越强大，而吐蕃的影响日益减弱。在强大的唐朝的影响下，南诏迅速发展，参照唐制建立了相当完备的政权组织，还实行了均田制度。南诏的纺织技术原来比较低，但自从成都的织工进入云南后，就赶上了唐朝的水平。南诏的冶炼技术也相当进步，它所产的浪剑、郁刀、铎鞘等武器锋利无比，素负盛名。南诏的建筑大多模仿唐制，现存南诏时期的大理崇圣寺塔，巍峨壮观，就是由汉族工匠恭韬、微义设计建成的。

在南诏后期，大臣专权，统治阶级内部矛盾激化。902年，汉族大臣郑买嗣推翻蒙氏南诏，自立为王，改国号为"大长和"。在经历了"大长和""大天兴"和"大义宁"之后，云南地区进入了大理国统治时期。

大理古国：在正史与武侠世界中广为流传的国度

大理历史悠久，文化灿烂，是云南较早的文化发祥地之一。远在 4000 多年前，白族先民就在这里繁衍生息，秦汉之际，大理与中原的交往由于蜀国古道而极为密切。如今的云南大理，山川秀丽、资源丰富，居住着多个少数民族，是唐代南诏和宋代大理国 500 年都邑所在地，素称"文献名邦"，以"风、花、雪、月"闻名于世。

史上大理国是段氏的天下，金庸曾在《天龙八部》中提到过大理段氏皇族的恩恩怨怨，那么真实的历史是否也如小说中描写的一样扑朔迷离呢？大理国的命运走向又如何呢？

金庸小说中的"大理段氏"是真是假

大理国是我国宋代以白族为主体的少数民族建立的国家，疆域大致是现在的中国云南省、贵州省、四川省西南部，以及缅甸北部地区和老挝与越南的少数地区。

大理历史悠久，文化灿烂，是云南较早的文化发祥地之一。远在 4000 多年前，白族先民就在这里繁衍生息，秦汉之际，大理与中原的交往由于蜀国古道而极为密切。博望侯张骞西域归来后关于这条通道的报告，引发了汉武帝经营西南边疆的雄心。西汉元封二年（前 109 年）汉朝在这里设置了隶属益州郡的叶榆、云南、邪龙、比苏、崔唐、不韦等县。隋及唐初，居住在洱海区域的原始居民从事狩猎、捕鱼，以及种植水稻和饲养家畜，有较高的农业生产水平。并在洱海西面建筑了太和、羊苴咩、大厘等较大的城邑，洱海的南岸建有石和、石桥等城，一度成为云南的政治、经济、文化中心。

唐朝兴盛时，洱海周围出现了蒙嶲、越析、浪穹、邆赕、施浪和蒙舍等六个"诏"（部落）。六诏中蒙舍诏居南，故称南诏。738年，蒙舍诏在唐王朝的支持下，征服了其他五诏，统一了洱海地区，迁都太和城。其后，南诏逐渐扩大势力范围，在强盛时期，其疆域北抵大渡河，南到越南北部，西接印度、缅甸边境，东达贵州北部和广西西部。

南诏从第一世王细奴罗到末代王舜化贞共经历13个君主的统治，于902年被权臣郑买嗣所灭。段氏在云南真正发展壮大起来正是在南诏统治时期。在传说中，段氏家族在云南的第一位英雄名叫段赤城。他曾杀死巨蟒，被当地白族崇拜为"本主"，也就是地方保护神的意思。但是，这只是一个传说中的人物，真实性不可考证。

在历史上，段家为南诏做出了重要的贡献。《新唐书·南蛮传》记载，唐宣宗时，安南经略使贪暴，对那里的少数民族"棠魔蛮"族进行残酷剥削，一斗盐就要换他们的一头牛。少数民族不堪压迫，与南诏大将段迁攻陷安南都护府，取得了今红河州南部及文山州的地盘。可以说，段家为南诏创下了丰功伟绩。此后，段氏家族一直都在南诏政权中担任重要官职。

在大理国建立以前，"大理"一词没有出现在有关的史籍中。据有关大理的史籍记载，"大理"一词源于南诏国第11世王世隆的国号"大礼国"。"礼"与"理"谐音，为"大治大理，富国兴邦"的意思。

南诏后期，统治集团内部出现了贵族豪强各自专政、擅权的情况。859年，南诏第11世王世隆改国号为"大礼国"，想"以礼治国"，力图维护摇摇欲坠的统治。902年，权臣郑买嗣杀了南诏第13世王舜化贞，灭亡了持续近200年的南诏国，建立了"大长和国"。927年，东节度使杨干贞杀了大长和国第3世王郑隆亶，灭了大长和国，拥立清平官赵善政为国王，国号"大天兴国"。10个月后，杨干贞又废赵善政而自立为王，国号"大义宁国"。

他们彼此混战，实行苛政重赋，百姓纷纷起义。937年，通海节度使段思平以"减尔税粮米，宽尔徭役三载"的诺言，联合滇东三十七部，灭了杨干贞的"大义宁国"，占领了大理地区，建立了号称"大理国"的新政权。自此，"大理"开始以国名在史籍中出现。

从902年到937年南诏灭亡后的30多年间，洱海地区三个短命王朝仓促更替、民不聊生。在分崩离析的历史背景下夺权成功的段思平建立政权后，"更易制度，损除苛令"，实行新政，改革旧制，推行礼治，取国号为"大理"，就是要大大调理各方面的关系，以适应生产力的发展。"理"与"治"同义，"大理"即"大治"的意思。从此，"大理"一词便被沿袭成为以洱海为中心的白族地区的专有地名。

段思平是大理的缔造者，大理喜睑（今喜洲）人，祖籍甘肃武威，祖上世代为南诏大臣，威名显赫。到了段思平这一代，段家家道中落。段思平年幼时，"唯甘贫度日"，年纪稍长，又牧羊山中。尽管如此，世宦家庭培养出了他的治世才干及文韬武略。成年后，段思平由于武艺超群，才干出众，被升为幕览，后来他因积功升至通海节度使，成为统辖一方的大将。

段思平传12世至段廉义时，权臣杨义贞于宋神宗元丰三年（1080年）杀段廉义自立。4个月之后，善阐侯高智廉命其子高升泰起兵诛杀杨义贞，立段廉义之侄段寿辉为王。寿辉传位给正明。宋哲宗绍圣元年（1094年），升泰废正明，自立为王，改国号为大中国。升泰去世后，其子遵遗嘱还王位给正明之弟段正淳，段氏复立，史家称之为后理国。1096年段正淳复改国号为大理。

1253年，忽必烈"革囊渡江"征云南，灭大理国，后建云南等处行中书省，原大理国王段氏被任为大理世袭总管。

大理皇帝为何偏爱出家

有人曾经说过，如果想要学习佛学，可是又因为学历有限，不能对深奥玄妙的佛理参悟明白的话，最好先从武侠小说《天龙八部》开始学起。由此可知金庸先生的小说《天龙八部》和佛学、佛教渊源之深了。在《天龙八部》中，西南的大理国和佛学有着极为深远的关系，大理国的天龙寺更是神秘无比，令人神往。而段誉、一灯大师等段氏家族成员都是拥有绝世武功的高人，他们行侠仗义，爱民如子。历史中是否真有段正淳、段誉等人？他们的为人又是怎样的呢？

其实，金庸武侠小说中的人物也并不是完全虚构的。在大理国中，第16

位国君名叫段和誉，小说中称为段誉；第18代国君名叫段智兴，就是小说中的一灯大师。

大理国的宫廷似乎有一种特殊的风气，就是出家。据历史记载，从937年大理建国开始，一直到1253年大理王朝灭亡的22位皇帝中，竟先后有10位出家做了和尚。这在我国历史上是绝无仅有的现象，实在是我国帝王史上一抹独特的风景。南北朝时期，梁武帝萧衍笃信佛教，曾四次皈依佛门，都因群臣的苦谏仍然归座龙椅。清朝顺治皇帝也曾因爱情不得志而试图出家，却被其母后阻止。此外就别无帝王出家之事了。

为什么坐拥江山美人的帝王会甘愿放弃多少人梦寐以求的地位、财富去做整天吃斋打坐、念经诵佛的和尚呢？这与大理国"以佛立国""以佛治国"，全民信佛的社会意识形态是分不开的。佛教思想在大理的统治地位从南诏晚期隆舜把佛教尊为"国教"开始，代之而起的大理国一以贯之地承袭下来，直到元代还依然如故。元朝的行巡使郭松年在《大理行记》中曾描述道："此邦之人西近天竺，其俗多尚浮屠法。家无贫富，皆有佛堂，人不以老壮，手不释数珠。"在人们的思想观念中，国家的灾祥祸福，都与当朝的帝王有关，与他们的前世今生、所作所为有着因果关系。国家一旦出现某种灾祸的征兆，便是帝王孽障缠身，只有出家，才能消灾免难。不过这些帝王出家的原因又各不相同，具体有在争权中失败政权不稳出家、被废为僧出家、人心向背被迫出家，等等。

大理国出家的帝王各有各的故事，但都毫无例外地体现着上述的思想观念。当今人们耳熟能详的段誉（段和誉）就是典型的一例。

段和誉是大理的第16代帝王。他并不像小说中塑造的那样是一位多情的风流才子，从政绩来看，他可以说是一位具有文韬武略的优秀帝王。段和誉自幼聪明好学，26岁时即位，年纪轻轻就曾几次平定三十七部的叛乱。他还采取了缓和的外交政策，与周边的国家尤其是宋朝保持了十分友好的往来关系。在对内政策上，段和誉勤政爱民，十分同情社会底层百姓，仁慈治国，减轻徭役赋税。因此，那时大理境内的人民都十分拥护他。

在段和誉长达39年的统治时期内，国家政治稳定，外无战事，经济繁荣。那么他又为什么会在自己生命中最辉煌的时期急流勇退，选择出家作为人生的

大理国（11世纪至12世纪）
青铜鎏金千手千眼观音菩萨像　21厘米×17.8厘米×11.1厘米

大理国青铜鎏金观音菩萨像　52.7 厘米 ×16.5 厘米 ×16.5 厘米

大理王国盔甲　61厘米 × 45.7 厘米 × 45.7 厘米

最终归宿呢？这与他的儿子们有着重要的关系。段和誉的4个儿子为了争夺皇位，明争暗斗，每人都有自己的势力集团，把整个朝廷弄得乌烟瘴气，不得安宁。段和誉对这几个儿子的行为很是失望，萌生了退位的打算。后因彗星出现，他认为国有不祥之兆，于是便禅位出家无为寺，法号广弘，终年94岁，是大理国最高龄的王者。

当然，大理国的帝王出家，生活上的享受是不同寻常的。野史记载大理国民谣曰："帝王出家，随臣一邦，嫔妃一串，素裹红装。出家犹在家，举国敬菩萨，早晚拜大士，禅室如世家。"这首民谣生动地描绘了帝王出家这一特殊的历史现象。也正因为大理国的统治者们秉承"以佛治国"的思想，以佛家的学说来化解各种社会矛盾，包括权力之争，协调各种关系，因而在大理国延续316年间没有发生过什么大的战争、动乱或宫廷杀戮之类的血腥事件。

夜郎古国：因"夜郎自大"而人尽皆知的古国

在中国，流传着一个妇孺皆知的故事：夜郎国在汉朝时是一个小国，地处偏远，土地贫瘠，但是夜郎国国王却一点也不觉得自己的国家小而贫穷，相反，他还很骄傲地认为夜郎是一个又大又富裕的国家。有一次，汉朝的使节到夜郎国访问时，夜郎国国王竟然问汉使说："汉朝和我的国家相比到底哪一个大呢？"汉使听了忍不住掩口而笑，不知该如何回答。

夜郎国因此得"夜郎自大"之名。从此"夜郎自大"就成了自以为是、骄傲自大者的代名词。夜郎国真是一个弹丸小国吗？夜郎的国都在哪儿？夜郎人创造了怎样的文化？

"夜郎自大"的国度

"夜郎自大"是在中国流传了千百年、妇孺皆知、耳熟能详的成语。当年，那位地处蛮荒之地的夜郎国国王向汉朝使者发问"汉孰与我大"时，就注定他以及他的国家会因为这个不明智的发问而贻笑千年。

"福兮祸之所伏，祸兮福之所倚"，也正是因为有了夜郎王的这一个愚蠢的问题，才使得夜郎国这个原本不为人知的偏僻闭塞的小国留在了人们的印象中，也留在了史册上。

夜郎是我国秦汉时期在西南地区由少数民族建立的一个国家。西汉以前，夜郎国名无文献可考。夜郎之名第一次见于史籍，大约是在战国时期，楚襄王（前298年至前262年）派"将军庄跃溯沅水，出且兰（今贵州福并县），以伐夜郎王""且兰既克，夜郎又降"（常琼《华阳国志·南中志》）。在《史记》的记载中，夜郎国有精兵10万，是生活在贵州一带、兴建起城市的农耕民族。

西汉成帝河平年间，夜郎王兴同胁迫周边 22 邑反叛汉王朝，被汉使陈立所杀，夜郎也随之被灭，前后约 300 年。之后古夜郎国神秘消失。这个古老的文明在中原史籍记载中留下了一团迷雾。

彝族是一个古老的民族，有自己的风俗、自己的文字。在他们的文献记载中，竟然有非常详细的关于夜郎国的记述。根据彝族的史料可知，夜郎兴起于夏朝时期，历经武米夜郎、洛举夜郎、撒骂夜郎、金竹夜郎 4 个朝代，于后汉时王朝终结，历时大概有 2000 余年。武米历史时期又分为夜郎、采默、多同、兴和苏阿纳 4 个历史阶段。夜郎时期，夜郎国只是一个较强大的奴隶制君长国。从国王采默即位开始，以夜郎为首，四周的小国建立起了联盟，并与周朝建立了联系。采默夜郎统治的联盟有 5 个成员国；多同夜郎统治的联盟有 6 个成员国；兴夜郎统治的联盟有 10 个成员国，其中有 7 个归其直接统治；苏阿纳夜郎统治的联盟有 9 个成员国；苏阿纳之后，夜郎盟长转移到佐洛举部落，是为洛举夜郎。洛举夜郎曾经统治了 10 个成员国。但这一代夜郎王朝在首领佐洛举死后就断了香火，来自武部分支的撒骂继任盟主，建立撒骂夜郎。其后，又有人建立了更为强大的金竹夜郎。只是，后来金竹夜郎惹怒了汉王朝，才引来了国破家亡的大祸。

夜郎奴隶制联盟有浓厚的军事性。为了共同的和各自的利益，各联盟国在夜郎国的指挥下作战；战事结束或夜郎国实力衰减时，一些盟国就可能脱离出去，各自为政。当时那里的战争非常频繁。

夜郎的最高统治集团由君、臣、师和匠组成。师有些像祭司，又有些像史官，负责讲解道理、规矩，记载历史事件和君的言行；君则按照规矩发号施令；臣和匠按君的命令行事。臣主要管理行政和领兵征战，匠则专门管理经济事务，领导生产、建设。由此可见，夜郎有一整套严密的经济、文化、政治和军事制度。

那么，组成夜郎国的主体族属是什么人呢？或者说，谁是夜郎国的主人呢？

不少学者认为，夜郎的主体民族，应当是彝族的先民——羌人。因为夜郎和彝族一样，在日常的生活中、祭祀中、庆典中，都有着各式各样竹崇拜的民俗传统，这在其他民族来说是比较少见的。与此同时，考古工作者在可乐汉墓发掘出的套头釜和铜戈上，有老虎的形象，一些死者颈部也发现有虎形饰物，而据彝族民间传说，彝人最早的祖先正是老虎。在出土的随葬品中，还有一个

东汉　铅绿釉陶明器建筑模型（一组）　104.1 厘米 ×57.5 厘米 ×29.8 厘米

西汉镀金青铜熊　15.7 厘米 × 14.6 厘米 × 17.3 厘米

赤脚、围裙的人物形象，其头饰与今天彝族仍然流行的"英雄结"十分相似。就这样，夜郎人源于羌人就成了一个比较受支持的观点。

可是，由于历史的久远、文献的稀少，对这个问题一些人还有着不同的观点。有学者认为，夜郎的主体是来自徐淮夷的"谢人"。西周时，周王室把东夷集团的徐淮夷居住之地谢邑赐给了申侯作封地；谢人因难以忍受周人的压迫，逃亡黔中，成为后来夜郎人的先祖。

也有考古工作者认为现在的仡佬族是夜郎的主体民族。仡佬族是"濮人"的后裔，魏晋时称作"僚"，隋唐后改称"仡佬"，是本地历史最久远的民族。他们自称是贵州"本地人"，民间也流传着仡佬"开荒辟草"的说法，而且仡佬族至今还保留着一些奇特的民俗，例如祭祀先祖时必须在神龛上放置一节竹筒，这与夜郎国竹崇拜的风俗较类似。

还有人认为，夜郎人发展成了现在的布依族。布依族的先民"濮人"，其族源可以向上推溯到古越人。布依族的"布"就是"濮"字的对音；夜郎的"夜"就是"越"字的对音，也就是布依的"依"字；"郎"是壮侗语"竹笋"一词的记音。所以"夜""郎"两个音节合起来，表示的是"以竹为祖先的越人"；"布依"则是指"百越族系中的濮人"。此外，文献记载中夜郎境内的某些郡县名可以用布依语得到解释，这些郡县的疆域也与布依族在贵州的分布地大致吻合，所以，夜郎的主体民族应当是布依族。

夜郎作为一个古老文明的国度，作为中华民族灿烂文化的组成部分，它至今的种种未解之谜团，也许随着考古发掘的不断深入和史料的进一步丰富会一一揭开，让我们拭目以待吧！

夜郎的都城到底在何方

从史料记载来看，夜郎并不是一个弹丸小国，那么，在夜郎故地中，古夜郎国的"首邑"（即该国的政治、经济、文化中心）又在哪里呢？这个问题，史学界已经争论了几百年。总括各家的说法，大体有三种。

第一，贵州长顺县广顺镇说。关于夜郎国的起源，在《后汉书》中记载了这样一个传说：一天，一个女子在河边洗衣服。突然，一根三节长的大竹子从水中漂到女子的脚边。女子想把竹子推走，但推了几次，竹子仍旧漂回来。此时，女子有些动怒了，想要撸胳膊挽袖子好好地把这根竹子推走。可就在此时，竹子里传来婴儿的哭声。她很诧异，于是把竹子带回家，用柴刀破开，竟然在里边发现了一个男婴。善良的女子把婴儿养大成人。婴儿长大后，有着超常的天赋，又通过刻苦的学习成了一个文才武略、智勇双全的人。他凭借自己的才智，迅速在西南崛起，统一了各族，成为第一代夜郎国王，为了纪念自己的身世，他还以"竹"字作为自己的姓氏。（"有竹王者兴于遁水，有一女子浣于水溪，有三节大竹流入女子足，推之不肯去。闻有儿声，取持归，破之，得一男儿。长养有才武，遂雄长夷狄，以竹为氏。"）

以上是来自民间的传说，生动地反映了夜郎的建国经过。夜郎在西汉后期逐渐建立政权，而"竹崇拜"则成为夜郎的一种标志。"贵州长顺县广顺镇"为古夜郎文明中心的说法就是建立在这个基础上的。广顺镇，坐落在天马山下，左有美女山，右有郎山、夜合山。当地人代代相传，说夜郎国时的金竹夜郎王府就坐落在这里。当地老百姓称那里的古城池为夜郎王府、竹王府等。"竹"

汉青铜螭龙　整体长 4.6 厘米

175

东汉　铅绿釉陶猪圈　13.3厘米×23.5厘米

字与"夜郎"的同时存在，也证明了夜郎国"竹崇拜"的猜测。现在，在那里仍可看到残垣断壁。古城池面积为2平方千米，有4个出口，内有两道城墙，用土石筑成。近代，人们在郎山西侧山下垦荒时，还曾挖出金剑、方印、青铜匙等多种文物，也挖到过多处古夜郎的坟墓。

第二，夜郎的都城还有贵州毕节赫章可乐说。在近年发现、整理、翻译、出版的《夜郎史传》等彝文文献中，古夜郎的中心被指为可乐。中华人民共和国成立后，考古学家还在可乐发现了大量的战国、西汉、东汉文物。可乐，彝文古籍称为"柯洛倮姆"，意为"中央大城"，史志记作"柯乐"，后演变为"可乐"。今天杂居可乐的彝、苗、布依等少数民族中，彝族人最多。据彝文古文献记载，两汉时期，与贵州可乐齐名、能称"倮姆"的，有成都（勒姑倮姆）、重庆（储奇倮姆）、昆明（勒波倮姆）等西南地区的著名城市。可乐地区的建制沿革，前人缺乏考证，但将历史的发掘与文献对照研究推断，在战国至秦汉时期，很可能是属于夜郎国的重要"邑聚"或"旁小邑"的境地，也说明可乐在贵州古代历史上曾经占有重要地位。

第三，还有湖南沅陵说。2000年5月，考古学家在湖南怀化沅陵发现了一个庞大的巨型墓葬群，其年代在战国至汉代之间，大部分墓葬规模超过了长沙马王堆汉墓和

176

1999 年全国十大考古发现之一的沅陵虎溪山 1 号汉墓。专家推断，墓主可能就是夜郎王。而沅陵有很长一段时间为夜郎古国文明中心。他们提出了自己的依据，唐代大诗人刘禹锡于唐永贞元年（805 年）被贬朗州（今常德），其间作《楚望赋》云："武陵（西汉初年幼黔中郡改名）故郢（楚都，代指楚国）之裔邑，夜郎诸夷杂居。"指的是古黔中境内为夜郎各族杂居之地。唐代大诗人李白所作《闻王昌龄迁龙标遥有此寄》："杨花落尽子规啼，闻道龙标过五溪。我寄愁心与明月，随君直到夜郎西。"这里的夜郎指的是今日沅陵。这首诗被收入明代万历年间的《辰州府志》和《沅陵县志》。《唐人七绝诗释》一书为这首诗注解时特别说明："此夜郎在今湖南省沅陵县。"因沅陵战国时为夜郎都城（中心），故梁天监十年（511 年）"辟沅陵县置夜郎县"（《沅陵县志》）。

沅澧流域是我国稻作文化的主要发源地，可考的历史近 7000 年。可想而知，战国时期沅陵农耕十分发达。《史记》与《汉书》均称夜郎"其人皆稚结左衽，邑聚而居，能耕田"。这也比较吻合。既然沅陵曾是夜郎古国的文明中心，而沅陵有夜郎王的陵墓也在情理之中。

神秘的"套头葬"

墓葬文化在中国具有几千年的历史，是伴随中华文明诞生而同步发展的。中华远古的先民们在创造中华文明的同时，也在谱写着中国墓葬文化史。同时也给今人留下了很多不解之谜。

在众多历史知名的墓葬文化中，发现于贵州省毕节市夜郎国可乐遗址的套头葬文化，更因夜郎国这个充满各种历史谜团的古国而显得尤其神秘。

一具数千年以前的尸骨静静地躺在墓穴中，头顶套着一件铜釜，或是铁釜、铜鼓的大型金属器，有的足部也套一件铜釜或铁釜，或垫一件铜洗。这就是可乐最重要的考古现象——套头葬。可乐发现的套头葬，在国内外可谓比较独特的了。

可乐地处乌蒙山腹地，平均海拔 1990 米，可乐河自西向东流过。可乐遗址（古墓群）幅员 9.4 平方千米，由 3 个遗址和 15 个墓群组成，约有古墓上万座。自 20 世纪 60 年代以来，在该地进行过多次发掘，共发掘墓葬 271 座，出土文物近 2000 件。目前发掘的墓葬尚不足 4%，有"贵州考古圣地，夜郎青铜文化殷墟"的美誉。属于古代夜郎时期（战国至西汉时期）"南夷"民族墓葬 108 座，在许多重要发现中，最引人注目的是奇特的"套头葬"等特殊葬式。

专家们发现，使用套头葬的墓只占一小部分，这类墓中有较多随葬器物，有某种威严或神秘的气氛。由此，专家推断，死者的身份定与常人不同——他们是夜郎民族的中下层巫师，还是地位尊崇的氏族首领？除套头葬之外，可乐的出土文物，为复原夜郎文化提供着丰富的线索，比如，具有镂空卷云纹的铜柄铁剑显示出高超的铸造工艺，铜戈提供着夜郎文化在地域分布上的重要信息。一具"干栏"式陶屋模型，展现了中原建筑文化和夜郎建筑文化的融合……

西汉骑兵，彩绘人物，1965 年在陕西咸阳将军墓中发掘

西陵国：华夏文明的另一条根

华夏文明上下五千年，以传说中的黄帝、炎帝为中华文明的始祖，炎黄子孙的称谓也从此而来。然而，长期以来，炎黄子孙在认祖认宗的同时，却"只认父辈不见母辈"，忽略了炎黄子孙母系血缘的由来。其实，炎黄子孙在父系血统有据可寻的同时，母系血统也有证可考，同样有着一段辉煌的历史。

西陵国是一个传说中古老的国度，许多人并不知道它的存在。在西陵国神秘的历史背后，更掩藏着一段鲜为人知的真相：如同炎黄部落一样，它是华夏民族血脉的一个源头。

西陵国的三大谜团

太史公马迁在《史记·五帝本纪》中记载："黄帝居轩辕之丘，而娶西陵之女，是为嫘祖。嫘祖为黄帝正妃，生二子，其后皆有天下。"如果《史记》记载可信，此段记载可以说明，黄帝是华夏民族的始祖，嫘祖则是与黄帝并列的华夏民族的始母。

据《史记正义》解释说："西陵，国名也。"两处史料结合到一起，揭示出一段曾长期不为人们深度关注的史实：住在轩辕之丘（今河南新郑西北）的黄帝，娶了西陵国王之女为妻。也就是说，我们最尊敬的祖先黄帝的妻子嫘祖，原本是西陵国人。炎黄子孙都相信黄帝确有其人，也相信嫘祖确有其人，因此，嫘祖的娘家西陵国确实存在。

西陵国在哪里呢？

据专家学者依据历史遗存和考古发掘推断，现在的四川绵阳市盐亭县就是古西陵国的所在。盐亭县因为与盛产盐的盐井相邻而得名。蒙文通先生著

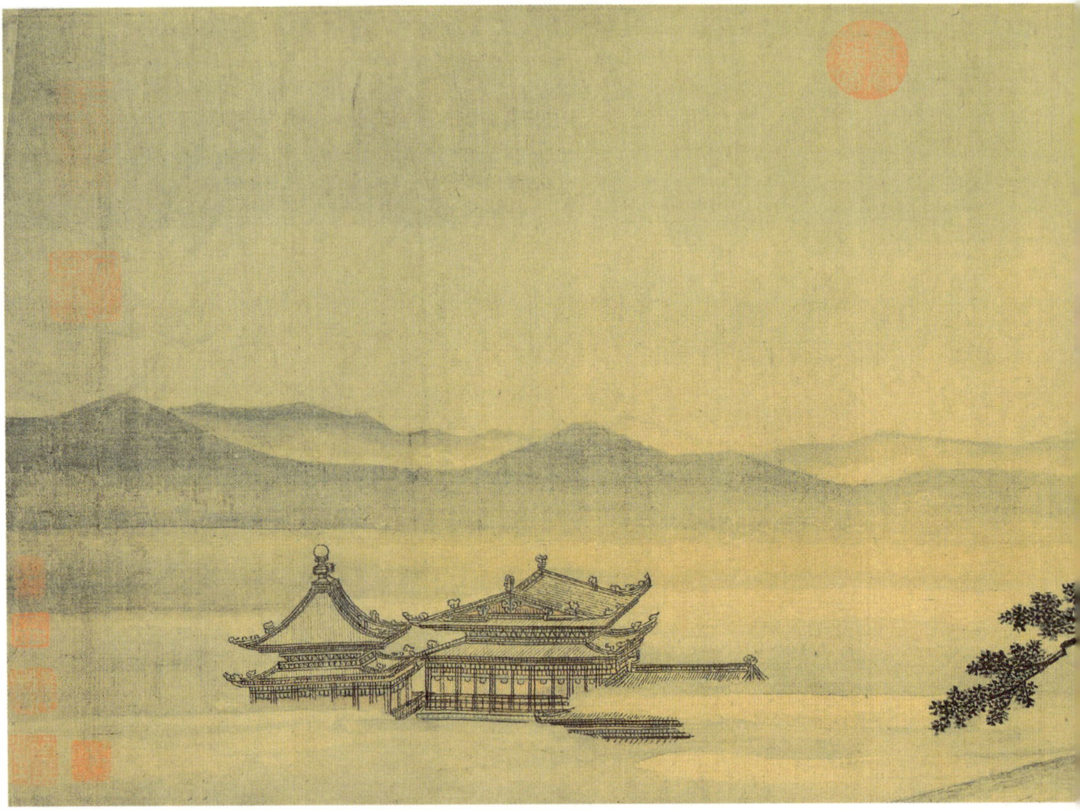

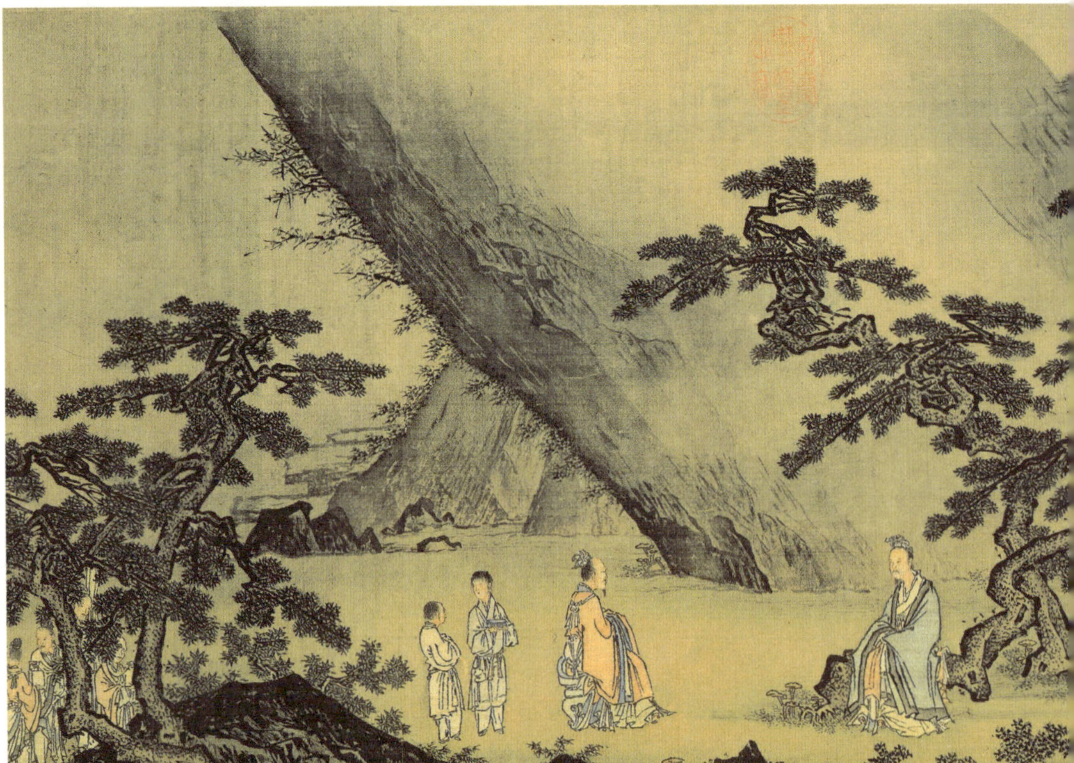

石芮 《轩辕问道图》 绢本设色 32 厘米 × 152 厘米

清　院本《亲蚕图卷》　郎世宁等绘　清乾隆九年绢本设色

《汉潺亭考》称："潺水在今盐亭境内，上古时称西陵河。"当地地方志记载：上古各小部落，沿西陵河建起了西陵诸侯国，他们先后发明了养蚕、抽丝、制衣。

近现代以来，学者们在考察盐亭的煮盐文化的同时，发现了大量的出土蚕桑文物、化石、嫘祖文化遗迹，还发现了唐代刻立的《嫘祖圣地》碑，以及许多关于嫘祖发现天虫、养蚕制丝传说的信物等。在民俗考古中，当地百姓称盐亭县城南60千米的一座山为嫘祖山，山上面还有个嫘祖穴，当地世世代代口头相传，洞穴就是当年嫘祖的出生地。一系列的迹象引发考古工作者的极大兴趣，经过长期考证，20世纪末，他们在当地祖家湾古墓群中发现两幅石刻，分别是《轩辕酋长礼天祈年图》和《蚩尤风后归墟扶桑值夜图》。如今，盐亭每个与丝织有关的地名都有一个嫘祖蚕桑织业的故事在流传，老百姓仍保留着每年祭祀嫘祖的民俗。专家们因此相信，盐亭县应该就是当年嫘祖的出生地，也是西陵国的所在。

古西陵国虽然不存在了，但至今尚存在着大量的民间传说。各处祭祀先祖嫘祖的香火始终不灭，各地残存的遗址也大量存在。如盐亭三元笼子寨联姻地、黄甸镇嫘轩龙凤呈祥地、射洪嫘丝池电站的地名、南部的丝公（姑）山、中江的凤凰山……原古西陵大量属地的山、地至今还保留着与嫘、凤、丝有关的名称。

西陵国的统治范围到底有多大？

考古学家们顺着已经发现的古物遗存和历史记载，进行了进一步推断。由于历史的久远和资料的缺失，详细的数据已经无从考证，专家们只能做一些大体范围的猜测。盐亭境内有一条河叫作潺水，古代时称西陵河，当时生活在河流附近的上古各小部落，就是沿此建起了西陵诸侯国。在远古部落联盟时期，各部落之间实行军事民主制推行部落联盟首领，其势力大约北达今天梓潼、剑阁、昭化、广元，西至三台、中江、广汉，南抵射洪、蓬溪，东至阆中、南部、仪陇、巴中，也就是在今天的四川省境内，而盐亭就是西陵国管辖境内的一个区域。

西陵国距今有多悠久？

考古人员在西陵国境内发掘出一个高60厘米的青铜跪俑，据科学方法测定,其年代比三星堆文化遗址更古远。除此之外,考古人员还发现一座上古界碑,上面刻有 50 多行类似文字的符号,与西安半坡彩陶刻画符号相似,是属于公元前四五千年的文化遗存。就时间来计算,迄今世界上公认最早的两河流域楔形文字、古埃及象形文字距今约 6000 年,西陵国古文字大体处于相同的时间,或者更古老一些。

华夏大地的第一夫人

我国是世界上蚕桑、缫丝、丝绸的原产地,素有丝国之称。而要研究丝绸的起源和发展,就离不开四川,尤其是一位优秀的女性更是和丝绸有着千丝万缕的关系。这位应该被亿万中国人,乃至是世界人所铭记的伟大女性就是嫘祖——华夏大地的第一夫人。

嫘祖以发明丝帛而在西陵享有盛誉,与黄帝联姻后,巡行天下,教人们养蚕,普及蚕桑文化,辅佐黄帝统一中原,更是功不可没。

据《史记》记载,夏、商、周三代帝王,春秋十二诸侯以及战国七雄的祖先,均源于黄帝与嫘祖的血系,与他们一脉相承。除了《史记》之外,黄帝迎娶嫘祖的故事,在《世本》《大戴礼记》中也有记载,但都语焉不详,只是些只言片语。在民间传说中,黄帝迎娶嫘祖的故事具体生动,并流传已久。

民间传说中,嫘祖又叫"蚕母娘娘"。她是黄帝的正妻,与黄帝生了玄嚣和昌意两个儿子,黄帝是华夏大地的共主,嫘祖便是华夏大地的第一夫人。

黄帝本是有熊国的君主,称轩辕氏,活动在今天的河南、山西一带,是炎帝之后的共主,嫘祖则是西陵国国王的女儿。传说,在水土丰茂的成都平原上,西陵国国王有一位美丽、善良的女儿,她每天不辞劳累,外出采摘野果,附近的野果采完了,便跋山涉水到远处去采摘。可没过多久,远处的野果也采完了。姑娘一想到族中的老幼要挨饿,不由得失声痛哭起来。

巡视到此的天帝正为天府之国的美景所动,忽然听到姑娘伤心的哭声,很受感动。他把天庭中的罪仙"马头娘"打下凡间,变成吃桑叶吐丝的蚕。蚕把桑树上的桑果送给姑娘,姑娘就采了许多带回去给族人吃。夏天,蚕吐丝做茧,姑娘便编成衣服给族人穿。后来姑娘又将蚕捉回家喂养,逐渐掌握了养蚕的技

商代末期青铜器　39.4 厘米 × 26.7 厘米 × 24.8 厘米

西周 青铜战车轴袖口 高 9.5 厘米

巧和缫丝的技艺，并将这些技术教给族人，西陵国的子民从此不用再穿树皮、兽皮。从此之后，人们便称国王的女儿为"嫘祖"。

茹毛饮血的西陵人穿上了衣服，很快在临近的各国中传开。西陵国东边的夷人、南边的越人纷纷派使者到西陵国，向嫘祖求婚，但是嫘祖全部婉拒了。这时候，黄帝也来西陵国求婚。嫘祖早就听说黄帝的声望，西陵国国王也十分向往黄帝的强大势力，两人成亲，黄帝便成了西陵国国王的女婿。

黄帝和嫘祖完婚后并没有马上离开，他们在西陵国，也就是今天的成都平原地区生活了很长一段时间。据《史记》记载，黄帝和嫘祖的大儿子玄嚣生在"江水"边，也就是现在的青衣江（今乐山一带），二儿子昌意生在"若水"边，在今四川西部的雅垄江畔。由此可见，两个儿子均在西陵国所生，大概黄帝也很留恋蜀中美景吧。

可以说，嫘祖与黄帝的结合，是一种强强联合的"政治婚姻"，二人的婚礼实际上是西陵国与黄帝部落的联盟，两个大部落联盟从此逐渐走在了一起。中原地区的黄帝部落，原本是不知蚕桑的，嫘祖把成都平原先进的养蚕缫丝技术带到了中原。史学界已经证明，这个时间正是中原文明出现蚕桑的时间。此后，黄帝部落逐渐强大起来，并逐渐向东迁徙，走上了快速发展壮大的道路。

这时的中原地区可谓战云密布，在黄帝部落不断强大的同时，南方的九黎部落联盟在首领蚩尤的带领下发展起来，并开始向中原进攻。九黎部落是一个由很多部落联合组成的大联盟，每个部落都有自己的首领，其中，最强大的部落首领就是蚩尤，这就是蚩尤有81个兄弟传说的来历，实际上这说明和蚩尤结盟的部落联盟之多。

九黎部落强悍好斗，据说他们是最早使用铜器的部落。当时，山洪暴发，九黎部落将铜收集起来，炼制青铜，制造锋利的兵器。其他部落的武器还是石刀、骨刀，所以九黎部落所向披靡，人们对九黎又恨又怕，以致后来把蚩尤描绘成一个可怕的怪物。九黎部落和炎帝部落在今天河北一带的涿鹿发生了"涿鹿之战"，炎帝部落被打得大败，只好向黄帝求援。

这时候，黄帝已经和嫘祖带着两个儿子回到有熊国。通过这次西陵国之行，黄帝联系到了强大的同盟国，并联络了一些长期遭蚩尤压迫的部族。为了对付九黎部落的青铜兵器，他命人训练猛兽，还用弓箭装备了自己的军队。一切妥当之后，黄帝和蚩尤在涿鹿展开决战。为鼓舞士气，黄帝还令人将东海流波山上的怪兽"夔"捉回来，把它的皮剥下来做鼓；又派人将森林中的雷兽捉来，从它身上抽出一根最大的骨头当鼓槌。一敲这面鼓，方圆500里都听得到。响亮的鼓声不但可以鼓舞士气，还能联络远处的士兵，传递战争消息。为了能在大雾的天气中辨别方向，黄帝还发明了指南车。一番血战之后，黄帝终于在涿鹿大败蚩尤。

此战之后，黄帝成为中原部落联盟的霸主。这个时候，黄帝的妻子嫘祖充当起了贤内助的角色。她带领妇女上山剥树皮，织麻网，还把男人们猎获的各种野兽的皮毛剥下来做衣服，并劝诫自己的子民们说："农桑才是国家的根本。"很快，各部落的大小首领都穿上了衣服，彻底告别了"茹毛饮血"的时代。

嫘祖，这个伟大的女性，她是当之无愧的华夏第一后，炎黄第一母！

庸国：开启中国古史宝藏的钥匙

对于中华文明的起源地，长期以来，人们的认识集中于黄河流域。然而，随着近年来考古学的发展，人们在更广阔的领域发现了中华先民的活动足迹，这些足迹不但遍布黄河流域以外的很多地区，而且在某些地区达到了空前的文明高度，长江中上游地区发现的古国庸国，就是一个显例。

那里有神秘的历史，那里有神秘的文化。有人说，庸国是中华文化的源头，这是真的吗？庸国还有着独特的饮食文化、服装文化、婚姻文化、语言文化、巫文化以及神秘莫测的丧葬文化，而丧葬文化中令人匪夷所思的"悬棺""崖葬"到底隐藏着什么不为人知的秘密呢？

盛极一时的古庸国

夏商时期，庸国的科学技术达到了相当高的程度，这一点，从"庸人"二字的变化上，就可以得出。古庸国人掌握着先进的青铜技术，国内又盛产金属，是铸钟大国，因此又被称为"镛人"。夏商时期许多鼎器都是庸人的杰作；庸人掌握了先进的修造技术，善于筑城建房而被称为"墉人"。周朝时周人就曾请庸人在洛邑建造都城，竹山县古庸方城遗址的城墙历经3000余年风雨侵蚀，仍然屹立不倒，这足以证明庸人建筑艺术的高超；庸人生活水平已经有了相当的水准，史书中记载"茶风源于巴山楚水间"，庸人是最早饮茶的先民；庸人还追求生活的艺术，注重娱乐，史料记载庸人是围棋的发明者，堵河流域的上庸是尧统治时期尧长子丹朱的封地，丹朱在此发明了棋类博弈游戏，史称"尧时庸人善弈，性狂放狡黠"。

庸国的疆土，比早期的秦及周宗姬封侯国及巴国还大，与南方自己崛起的楚国不相上下。周武王在分封土地时，最大的宗姬国不过百里，小者仅50里，秦在春秋周平王时只有一个赵城，周早期的巴国疆土限于四川的东、北部及重庆的东、西、北部，楚国疆土限于江汉平原至鄂东、鄂南及湖南北部一带。而古庸国，则是横跨长江至汉水这样一个地域辽阔的大国。

长期以来，人们对庸国不是很了解，以为庸国是楚国的附属国。实际上，庸国臣服了麇、儵、鱼、夔等附属小国，其东部含古麇属地，东南部含鄂西及湖南张家界市及慈利、桑植等县，今巴东、兴山、秭归、建始等县，是古代夔国的领地，也是庸国所属。历史上著名的屈原就是秭归人，其先祖就是庸国的一位国君伯庸。

《丹朱慢游图》

史书记载中有庸国疆土丰富的资料。《读史方舆纪要》载："四川首州府，周庸国地。大宁、奉节、云阳、万县、开县、梁山皆其地也。"《华阳国志·汉中志》说："（汉中）本附庸国，属蜀。"《太平寰宇记》《舆地纪胜》载："于周为庸国之地。"《魏书》记载："皇兴四年置东上洛，永平四年改为上庸郡。辖商、丰阳二县。"上庸郡就是商洛东部丹凤、商南、山阳一带，名为庸郡，可能与曾经是庸国属地有直接的关系。

庸国疆土如此之大，在春秋前期少有。而疆域广大的庸国并非是徒有其表，其国力也非常强大。商朝时期，"百濮"都归集在庸国麾下。春秋时期，庸国称雄于楚、巴、秦之间，曾打败楚国几次入侵，以至于给楚国造成迁都的威胁。

庸国的爵位也很高。《礼记·王制》载："王者之制禄爵，公侯伯子男，凡五等。"《仪礼》说："同姓大国则曰伯父，其异姓则曰伯舅。同姓小邦则曰叔父，其异姓小邦则曰叔舅。""其在东夷、北狄、西戎、南蛮，虽大曰'子'。"庸国国君世代为侯伯，其他诸侯国"虽大，爵不过子，故吴、楚及巴皆曰子"。周时分封制度是严格的，非伯者不能称其为诸侯，故楚子威逼周王室给其封号，"欲观中国之政，请王室尊吾号"。庸既为伯，说明其地位很高，也充分证明庸国的强盛。

庸国是中华文化的源头吗

早在春秋之前，庸国就是一个横跨江汉中西部地区的泱泱大国。按照今天的行政区划，古庸国的领土分布在今重庆大部、陕西南部、湖北西部以及湖南西北部地区，面积可谓辽阔。根据考古资料显示，古庸国存在的时间应当在秦之前，或与巴、蜀同代。《诗经》曰："江汉朝宗于海。"又曰："滔滔江汉，南国之纪。"可以说，古庸国是与殷商一样的中华文明的摇篮。

考古学和历史文献学证明了古庸国境内人类早期文明的发展。现今湖北省郧阳区，出土了著名的"郧阳人"古人类化石，这是人类进化史上的重要一环，据推测"郧阳人"和庸人存在着血缘上的延承关系。《太平寰宇记》《舆地纪胜》等记载的女娲炼石补天的取材之处"女娲山"，位于陕西省平利县，属于古庸国范围之内；《帝王世纪》《史记》中记载尧的长子丹朱生于房，舜出生在姚墟，都在古庸国的范围之内。据此而论，中华文明的早期著名人物，有很多和庸国有关。

由于庸国在战国之前就已经灭亡，史书上有关庸国的记载很有限，很难引起人们的注意，以至于造成了人们对古庸国的淡化遗忘。而据三峡地区和陕西省最新的考古发现证明，早在6000多年前，庸国地区的人们就已经发明了文字，并形成了源远流长的古庸国文化。这一文化，后来进一步融合演化，成为今日陕西"秦文化"、湖北"楚文化"、重庆"巴文化"的源头，成就了中华文明萌芽产生和发展丰富的重要源头。

在肯定古庸国文化对中华文明做出巨大贡献的同时，一个疑问油然而生，古庸文化从何而来？

关于庸的起源，古往今来众说纷纭，目前较流行的有以下几种说法：

一是"容成氏"之说。对于容成氏的身份，又有两种不同的看法。一种看法认为，容成氏是"黄帝之臣"，《博物志》载："容成……黄帝臣也。"《后汉书》对此观点持肯定态度。另外一种看法认为，容成氏是古代诸皇之一。《庄子·胠箧》载："昔者容成氏、大庭氏、伯皇氏、中央氏、栗陆氏、骊畜氏、轩辕氏、赫胥氏、尊卢氏、祝融氏、伏羲氏、神农氏，当是时也，民结绳而用之。"对于《庄子》的记载，有学者曾表示怀疑，但上海地区出土的简牍中，对容成氏进行了记载。上古时期，"容"与"庸"通用，因此有人说容成氏就是庸成氏，容成氏就是庸国的先君。

二是"祝融"说。对于祝融的身份，也有多种说法。一是说祝融是上古三皇之一，《礼》中说："伏羲、神农、祝融，三皇也。"又说："祝者，属也；融者，续也，言能延续三皇之道而行之，故祝融也。"《庄子》中记载，在神农之前祝融就已经存在。还有一种观点，祝融就是上古三皇中的燧人氏，因为他发明了钻木取火的办法，为人间带来了温暖，因此人们尊称其为祝融。也有人说，祝融是黄帝的大臣，《通典》称黄帝"得祝融而辨南方，得蚩尤而明元道，得太常而察地理，得苍龙而辨东方，得风而辨西方，得后土而辨北方，谓之六相"。祝融是黄帝的六相之一。

还有人说，祝和融是为帝喾管理火正的两位大臣，即颛顼的两个儿子重黎和吴回。《史记·楚世家》载："重黎为帝喾高辛居火正，甚有功，能光融天下，帝喾命曰祝融。共工氏作乱，帝喾使重黎诛之而不尽。帝乃以庚寅日诛重黎，而以其弟吴回为重黎后，复居火正，为祝融。"《山海经》载："炎帝之妻，赤水之子听沃，生炎居，炎居生节并，节并生戏器，戏器生祝融，祝融降处于江水，生共工……洪水滔天，鲧窃帝之息壤以堙洪水，不待帝命。帝乃令祝融杀鲧于羽郊。"又载："南方祝融，兽身人面，乘两龙。"有学者研究认为，"融"与"庸"音近，"庸"即"融"演化而来，因此，庸人就是祝融氏的后代。

综合诸多文献来看，古庸人应该是颛顼苗裔的分支，但对于其国君的祖先到底是谁，就根本无从考证了。

对庸国国君祖先的争论虽然难以平息，但争论的人物却都在夏禹之前。夏禹的儿子启建立了夏朝，因此，庸国的起源应该比夏朝更早，这一点毋庸置疑。

庸国的都城名为"上庸"，这一名字本身也表现出庸国的古老。"庸"有"城"的意思，上庸的意思既是上古之城，也可以理解为天子之城。《乐府诗

商 蟠龙纹盘

商晚期　亚丑方尊

商晚期 亚丑方簋

商晚期至西周早期 倗祖丁鼎

商中晚期　钩连乳丁纹羊首罍

集·鼓吹曲辞一》载："上邪！我欲与君相知，长命无绝衰。"意思就是说："苍天啊，我要与君相知相守，还要使这种相知永远不停止。"这里，"上"就是天的意思，"上庸"中的"上"字也就是"天""天子"的意思了。

从古人类学上来看，庸人活动的长江流域的中下游地区，早已有远古人类的足迹。迄今为止发现的化石中，有距今约4500万年的古猿化石、距今200万年的"巫山人"、50万年以前的"长阳人"、5万年以前的"汉阳人"。

进一步缩小到古庸国的国境之内，在原古庸国属地的堵河入口处，发现了比北京猿人早150万年以上的古代猿人头骨，10万年至6万年的"郧西晚期智人"牙齿，而以霍山坡、黄土凸等为代表的堵河流域的新旧石器时代遗址的发现，表明庸国地区确实是人类的摇篮。有人就大胆推测，认为庸国是中华文明的源头。

庸人到底去了哪里

前611年，楚国遇上严重灾荒，楚国的邻国乘其危难，群起攻楚。庸国国君也起兵东进，率领附庸各国的军队会聚到选（今枝江），大举伐楚。

楚庄王火速派使者联合巴国、秦国从腹背攻打庸国。不久，楚与秦、巴三国联军大举破庸，庸都方城被敌人攻破，庸国灭亡。

庸国占有逐鹿中原的最佳位置和最强实力，但伐楚未成反被楚国灭亡。庸国灭亡后，秦、楚两国疆域相连，在两大强国近400年的战乱中，庸旧地朝秦而暮楚，昔日的古都方城不断地变换着两国战旗，陷入水深火热之中。

早在灭国之时，庸人就开始了悲壮的迁徙，他们的迁徙路线没有更多的选择，只有沿着武陵山脉过峡江，进入到清江、酉水、澧水流域，而这些区域，正是现在土家族的主要分布地。

庸人在逃亡的迁徙中也从历史中消失踪迹。从流传于今的张家界、湘西的地名中可以看到，从遥远的庸国迁徙而来的是一个庞大的族群，在与当地族群经过了最初的冲突后，他们融入了土家族的先民中，并为我们留下一系列地名：庸州、大庸溪、大庸滩、大庸坪、大庸口、庸水……在鄂西、张家界、湘西更为广大的山林中。庸人与当地族群和谐共处，并将大庸开发成为避秦遗世的武陵仙境，隐逸文化成为这一时期大庸文化的特质。历朝历代，这一隐逸文化吸引着更多的人在此归隐。

庸国为何流行"悬棺"这种丧葬文化

在我国，自有文字记录以来，庸国是极古老的国家之一，其建国具有连续性、稳定性的特点，长期以来形成了独具特色的文化特征，如饮食文化、服装文化、婚姻文化、语言文化、娱乐文化、巫文化等，其中，最为独特的是其丧葬文化。

丧葬文化的特色之一是岩葬，一般称其为"悬棺文化"。我国重庆、四川、湖南、江西、福建等地的悬棺，一直是史学家研究的重要课题，有些谜底长期无人揭开。有人认为是巴人祖先的一种丧葬文化，有人称其为"僰人棺"，也有认为是楚人的风俗，还有人说这一丧葬文化源于福建，后传入长江、汉水流域。长期以来，莫衷一是。

其实，三峡地区的悬棺属于古庸国岩葬文化。古庸国人有岩葬的传统，有岩屋的地方直接把棺木放进岩屋内，没岩屋的地方将悬崖凿个洞穴放进去。在竹溪河流域，两岸悬崖上至今仍保留着一些洞穴，当地人称之为"老人洞"，即为古人丧葬之用。

古庸人最初风行岩葬，后来变为人造洞穴，再后来逐渐演化为土葬。而岩葬的棺木、尸体大多年长月久风化湮灭。岩葬文化一直延续到明、清时代，甚至到现代其风俗仍未完全消失。庸人有岩葬的风俗，就不难解庸国立国千年，为何未发现古庸人王室墓穴的疑团。庸国丧葬文化的另一个独特之处是"打夜锣鼓"，又叫"唱孝歌"。打夜锣鼓一般有两人或三人，一人系鼓，一人提锣，围着灵柩慢慢迈着舞步，边走边唱，一应一对，或后随一人跟唱。发现于神农架林区的《黑暗传》，现被称为汉民族第一部叙事史诗，实际上是流行于江汉中西部地区民间的打夜锣鼓歌词唱本。《黑暗传》不是出在某人某时某地，而是古庸国人世代文化延续的结晶。

独特的丧葬文化使得庸国人更加神秘莫测，使得庸国更富有传奇性，这也正是庸国不能走出人类视线的原因吧！

第三篇 漠北古国

匈奴：称霸大漠南北的雄鹰

　　在广袤的草原上，有一个像雄鹰一样的民族，他们能征善战，被称为"马背上的王者"；他们是草原文明的缔造者和传承者；他们的铁骑不断踏入农业文明的领地，通过掠夺资源，来延续着自己的存在；他们一批批地从蒙古高原冲出去，征服了许多的亚洲帝国，并且一度成了半个欧洲的统治者。这个民族有着一个让人敬畏的名字——匈奴！

　　匈奴人用自己的剽悍和勇武建立了匈奴帝国，并且与汉帝国连年征战。虽然汉帝国在与匈奴的征战中取得了巨大的胜利，但是也损耗了巨大的国力，逐渐衰落。匈奴则在汉帝国的压力下分裂为南北匈奴，南匈奴与汉族交往频繁，逐渐与汉族融为一体；北匈奴则在西迁以后销声匿迹……

匈奴是如何崛起的

　　相传，匈奴人是夏人的后代，经过千百年的生息繁衍，匈奴逐渐成为中国北方的一支古老民族。并且，匈奴于前3世纪兴起于河套地带（今内蒙古、山西一带），游牧于大漠南北。

　　"匈奴"这个名字，《逸周书·王会篇》《山海经·海内南经》《战国策·燕策三》等史书中都有记载。"匈奴"，据说是鬼方、混夷、獯鬻、荤粥、猃狁、胡等的异译。中国近代的大学者王国维先生则认为"匈奴"二字快速连读，就发"胡"字的音，而"胡"这个字在匈奴人心目中即为"天之骄子也"。"匈奴"一词，汉语直译为"人"，意为"天帝之子""上天之子"。

　　匈奴族早在前七八世纪时就已生息和繁衍在中国北方的广大地区，建立起氏族和部落联盟了。匈奴的政权体系相比中原的政权体系来说要简单，他们的首领被称为单于，单于就相当于中原的国王、君主。《汉书》中记载：单于姓挛鞮，其国民称之为"撑犁孤涂单于"。匈奴语把天叫作"撑犁"，把子叫作"孤涂"，单于就是天子的意思。在单于之下，则有左、右二贤王，各率领一大部落。

匈奴人最初的政治、经济中心在今内蒙古自治区的河套及大青山一带，后始逐步移居漠北。相对于中原稳定的政权结构来说，匈奴的政权结构相对灵活散漫。据《史记》记载："自淳维（传说为匈奴人始祖）以至于头曼千有余岁，时大时小，别散分离。"在匈奴中所属各氏族和部落，彼此间并没有永久性的盟约关系，只是根据共同的利害关系随时聚合离散。

匈奴是在前3世纪时进入铁器时代的，由于铁器的普遍应用，匈奴的军事实力得到相应加强。军事实力加强以后，军事活动就相对频繁了起来。匈奴的铁骑，经常驰骋于楼烦（今山西省宁武县一带）一带，对当地的居民进行骚扰。不久，匈奴又逐步推进，将势力扩至战国七雄中的秦、赵、燕边境，并不时给燕、赵二国以威胁。前265年，匈奴骑兵被赵将李牧击败。此后，匈奴铁骑骚扰北方人民的事情得到了进一步的缓解，但是没过多久，匈奴的兵马又卷土重来，使得北方边境上的人们又受到了极大的损失。

秦朝建立以后，秦始皇嬴政派遣大将蒙恬出兵攻击匈奴，与此同时，还派遣自己的大儿子扶苏为监军，同蒙恬一起打击匈奴。由于这二人治军有方，使得匈奴铁骑连连失败。匈奴战败后，"不敢南下而牧马，士不敢弯弓而抱怨"。但是到了秦朝末年，匈奴却又乘机向南发展，逐渐傍近秦朝的边塞。此时，秦朝已经是摇摇欲坠，也就无暇顾及匈奴铁骑了。

根据《汉书》的记载，在大约前215年的时候，匈奴部落的大本营在内蒙古一带。匈奴的兴起，与匈奴国家的创立者头曼密不可分，头曼是匈奴的首领，也就是单于。秦灭亡之后，头曼发兵南下，气焰之盛，不可一世。

对于冒顿单于的挑衅，吕后为何忍气吞声

冒顿，这位战功赫赫、剽悍英武的单于，可谓叱咤风云的人物，是他的出

清　《苏武牧羊》　任伯年

现改变了匈奴，也改变了世界。

冒顿是匈奴单于头曼的长子，依例成为匈奴太子。但是，有一年，头曼一名爱妾为头曼生了小儿子，头曼单于爱屋及乌，竟然想让小儿子做太子。于是，头曼单于做了一个匪夷所思的举动，那就是将冒顿送给了当时另一支强大的游牧部落月氏国充做人质。更不可思议的是，在冒顿充做月氏国人质后，头曼单于突然下令发动了对月氏国的进攻。冒顿在这性命攸关的时刻，连夜偷了一匹月氏宝马，夺营而出，历尽各种艰险，成功地返回了匈奴部落。头曼单于觉得冒顿能干，于是就给了他一万控弦骑兵，让他在外训练征战。

胸怀壮志的冒顿深深愤怒于父亲的举动，但他并没有表现出来，率领他的骑兵日夜训练，并利用忠于他的部队将自己的父亲头曼射杀，并把他的后母及弟弟和不服从的大臣全部杀死。冒顿自立为单于，这就是冒顿单于。

冒顿杀父自立后，以优异的军事才能，指挥匈奴铁骑东击东胡，西攻月氏，南吞楼烦，并征服了北方诸国。冒顿单于作为最高首领，总揽军政及一切对外大权。下设各个机构，组织了一个完整的统治体系。此时的匈奴帝国，疆域东至辽河，西逾葱岭，南达长城，北抵贝加尔湖一带。匈奴帝国达到了它的顶峰时期。

当两个强大的帝国比足而立时，或许，战争才是这两个巨人最好的交流方式！

汉初，匈奴贵族经常率领骑兵南下，掠夺汉朝北部边郡的人口、牲畜和财物。前201年，被汉朝封到了马邑的前韩国贵族韩王信在冒顿单于40万大军的围困压力下投降了匈奴，这直接导致汉帝国的门户大开，冒顿单于率匈奴主力越过句注山，直逼晋阳（今山西太原）。

在这种情况下，前200年冬，汉高祖刘邦率32万大军御驾亲征，寻找匈奴主力决战。此时，正遇上冬天严寒下雪的天气，战士冻掉手指的有十之二三。冒顿觉得如果正面冲突不一定胜利，于是用计假装失败逃跑，引诱汉军。刚刚打完胜仗的汉军斗志昂扬，毫无顾忌地追赶匈奴大军。冒顿看到有机可乘，就把他的精锐军队隐藏起来，以一些老弱残兵误导汉军。于是汉军出动全部军队，多半是步兵，共30余万，向北追击匈奴。当满怀希望的汉军到达平城时，冒顿立即指挥他的40万精锐骑兵，在白登山把刘邦包围起来。

7天之内，汉军内外不能相互救助，军粮短缺，人心浮动。冒顿单于的骑兵，在西方的全是白马，在东方的全是青马，在北方的全是黑马，在南方的全是赤马，威风无比。为了解围，汉高祖只得采纳大臣陈平的建议，向冒顿的一名爱姬阏氏行贿，生活在草原上的女子被眼前的金银珠宝深深吸引，于是她就对冒顿说："两方的君王不能相互围困，如果得到汉朝的土地，单于终究是不能在那里居住的，而且汉王也有神的帮助，希望单于认真考虑这件事。"同时由于冒顿与韩王信的将军王黄和赵利约定的会师出了点问题，王黄与赵利的军队没按时到来，冒顿疑心他们同汉军有预谋，就采纳了阏氏的建议，解除了包围圈的一角。这样刘邦急忙率兵归还，同时派使者送给冒顿单于一位公主，并奉送给匈奴一定数量的棉絮、缯、酒、米和食物，相互结为兄弟，实行和亲。这便是历史上的"白登之围"。

后来，在冒顿单于执政时期，匈奴还对中原有一次极为赤裸裸的挑衅。

汉高祖刘邦死后，汉惠帝继位，吕后垂帘听政，并且大肆封赏吕氏一族，弄得西汉朝廷乌烟瘴气。

冒顿单于觉得西汉正是孤儿寡母执政之时，有机可乘，于是，命人写了一封信给吕后。吕后拆开一看，信中写道："我现在是一个枕边寂寞的君王，生活在北方草原这个荒凉的地方。我最擅长骑马打仗，麾下拥有精兵猛士30万。现在，我来到边境，很想深入你们中原腹地一游。听说你的丈夫不久前死了，想必你也是空闺难守。我们两人，一个孤男，一个寡女，都是寂寞之人。你何不来与我相见呢？咱们结秦晋之好，鱼水之欢，这一定会是让你我都高兴的事！"

吕后是母仪天下的皇太后，也是国家的象征，岂能够如此受辱，于是就有大将怒发冲冠，想要请命，率领大军10万扫平匈奴，为大汉朝雪耻。可是，立即就有人对这个被愤怒冲昏了头脑的想法当头棒喝，说："当年高帝（指刘邦）统领40万大军北伐匈奴，被匈奴围困七天七夜。那时候，叫天天不应、叫地地不灵，险些使先皇命丧于此。当时百姓还作了歌谣，说'平城之下亦诚苦，七日不食，不能彀弩'。先皇文韬武略可谓无人可比，可是仍旧折戟沉沙在匈奴人之手，可见匈奴人之凶险狠毒了。而且，匈奴本是没有受过教化之地，人民愚昧无知，还是不和他们做正面冲突为好。"

刘邦白登之围的事人尽皆知，连刘邦带的 40 万大军都差点全军覆没，现在朝廷实力不如当时，怎还能与匈奴抗衡？吕后也明白这个道理，只好忍气吞声、曲意逢迎了。

然而，风水轮流转，随着汉初休养生息政策效果的显现，西汉王朝逐渐强大起来，匈奴也逐渐沉迷于声色犬马之中而消弭了斗志。即便如此，雄才大略的汉武帝在即位后的 12 年间，为未来对匈奴的反击准备也相当谨慎。前 133 年，汉武帝下了开战的决心。汉匈 50 多年的脆弱和平终于破裂，两大强国的全面战争开始了。之后，汉武帝一连对匈奴发动了 3 次大规模的战役。在西汉王朝厉兵秣马的时候，匈奴帝国却陷入了内乱之中，前 126 年，匈奴帝国最后一个伟大的单于——军臣单于，因病去世。军臣单于的弟弟伊稚斜自立为单于，并且和军臣单于的儿子于单爆发了争夺大单于的战争。经过一系列的战争，伊稚斜获得了胜利，成为匈奴的大单于。但是，这次王位的争夺战，大大消耗了匈奴帝国的实力。伊稚斜和他以后的继承者，基本上没有为匈奴帝国再现辉煌，相反，他们多短命。从前 141 年到前 87 年，在汉武帝刘彻在位的时间里，匈奴换了 7 个单于，而汉王朝只有刘彻一人。刘彻依靠军事天才卫青和霍去病发动的 3 次大战役使得匈奴元气大伤，逐渐衰弱下去。

在西汉的打击下，匈奴很快衰落，不久又陷入了内乱。前 62 年，虚闾权渠单于死后，匈奴统治集团内部发生了分裂和内讧，出现了五单于争立的局面，匈奴几乎陷入绝境。最终，呼韩邪单于稽侯栅取得优势，占据了单于庭，并归降汉朝以为藩臣。在汉元帝时，呼韩邪单于向汉朝请求"和亲"，汉朝应允并以王昭君以公主的身份远嫁匈奴。由于王昭君的作用，保持了匈奴和汉朝之间近半个世纪的和平。与此同时，与呼韩邪单于对抗的郅支单于见汉朝大力支持呼韩邪单于，惮于强大的汉朝的威势，只好渐渐率众西迁。

48 年，统管匈奴南八部的呼韩邪单于之孙——右日逐王自立为单于，仍以呼韩邪为号，效法祖宗归附中原；他率部南迁，归降汉朝。东汉朝廷封他为南单于。从此，留在中国境内的匈奴分裂为南北两部。东汉朝廷打击实力较强的北匈奴，使得北匈奴不得不全面退守漠北和西域北部一带。

东汉时代，北匈奴内部出现了极大的矛盾，"屋漏偏逢连夜雨"，自然灾害也开始找上了这个部落的麻烦。这对于东汉来说可算是一个绝好的机会了。

于是，东汉立刻与南匈奴等联兵出击北匈奴。北匈奴的单于受到两面夹击，接连大败，于是只好率部分族人西迁，至此，北匈奴政权全面瓦解。

漠北地区被西进的鲜卑族占据，而留在草原东部的匈奴尚有 10 余万人。他们归顺了鲜卑，成为鲜卑族中的一个部落。

匈奴王金冠

乌桓古国：威震四方的"天下名骑"

　　大约在前2世纪，乌桓部落就曾出现于我国的科尔沁草原上。他们在这里创造了灿烂的民族文化，但是也留下了更多的谜团。他们的称谓从何而来？这是一个怎样的部落？他们与中原的汉族有交往吗？他们最终又是怎样消失的？让我们带着这种种疑问，来了解一下这个民族的历史……

　　1956年东北博物馆文物工作队在辽宁省西丰县西岔沟发掘了63座墓葬。这些墓葬属于早、中期乌桓墓葬，考古工作者从中清理和发掘出数以万计的文物，从而使得这个古国的轮廓渐次清晰地展现在世人面前。

乌桓的历史为何神秘

　　乌桓，是东胡系统的古代民族之一，也有人称之为"乌丸""古丸""乌延"等。乌桓的语言与鲜卑相同，同属东胡语言的分支。在中原王朝的秦汉之际，乌桓人主要活动于饶乐水（今西拉木伦河）一带。东邻挹娄、夫余、高句丽等，西连匈奴，南与幽州刺史所部相接，北与鲜卑相望。《史记·货殖列传》记载："夫燕亦勃、碣之间一都会也……北邻乌桓、夫余，东绾秽貉、朝鲜、真番之利。"《后汉书·乌桓传》也记载："乌桓者，本东胡也。汉初，匈奴冒顿灭其国，余类保乌桓山，因以为号焉。"

　　前206年，匈奴王冒顿单于消灭了东胡人联盟，东胡人中的一支向北败退，来到科尔沁草原的中心地带的乌桓山下定居。于是，乌桓人就在这片热土上生息繁衍，形成了他们特有的文化和历史，为中华民族乃至世界民族注入了新鲜的血液。

　　1956年东北博物馆文物工作队在辽宁省西丰县西岔沟发掘了63座墓葬。

这些墓葬属于早、中期乌桓墓葬，考古工作者从中清理和发掘出数以万计的文物。其中有大量铁马衔及其他马上用具，许多饰牌都绘有双牛、双羊、双驼、犬马、犬鹿、鹰虎等图案，或用各种兽角、兽首、兽足构成的图案。在三面铜饰牌上并有一个"骑士出猎"的场面。墓葬中还发现许多零散的马牙和牛牙。反映出乌桓人的经济生活主要是从事畜牧业和狩猎业，畜群中既有供日常食用的牛羊，也有供骑乘、战阵、交通用的马和骆驼，还有供捕捉飞禽走兽用的猎鹰和猎犬等。

乌桓人不但擅长畜牧业和狩猎业，还对农业有一定的发展。史书中介绍说这里"俗识鸟兽孕乳，时以四节，耕种常用布谷鸣为候。地宜青穄、东墙，东墙似蓬草，实如葵子，至十月熟。能做白酒，而不知做麴蘖。米常仰中国"。

除此之外，乌桓手工业也有一定发展，其中较为重要的有铸铜、冶铁、制陶、纺织等。王沈《魏书》称乌桓"大人能做弓矢鞍勒，锻金铁为兵器，能刺韦做文绣、织缕毡"。而范晔《后汉书·乌桓传》则云："男子能做弓矢鞍勒、妇人能刺韦做文绣，织氀毲。"这都说明了乌桓手工业的发展情况。

由于乌桓有着十分发达的畜牧业和狩猎业，为了弥补在其他方面的不足，就以牛马等牲畜与汉族、匈奴进行商品交换。大量的牛马等牲畜换来许多生活必需品之外，还有贵族从中原交换而来的各种金银首饰、宝石玉器、绫罗绸缎等。

乌桓在由原始社会末期转向阶级社会的过程中，还来不及建立本民族的奴隶制国家政权，便为曹操征服。虽然乌桓人没有建立国家，但部落大人拥有无上的权威，"违大人言者，罪至死"。而且，这些人掌握着大量的牛马等牲畜、金银细软、男女奴仆等，所以他们才是金银首饰、宝石玉器等这些中原"奢侈品"的享受者。这些人被称作大人或小帅。而那些穷苦的人的生活依然是相对艰苦的。还有一些沦为奴隶的人，过着极为凄惨的生活，他们拾捡粪草、牧养幼畜……反正所有的脏活累活都得由他们承担。

匈奴消灭东胡政权以后，乌桓以及投靠乌桓的东胡其他部落臣服于匈奴。在匈奴被西汉击败后，乌桓脱离了匈奴的严密控制，附属于西汉，但也时常与匈奴有往来。东汉时期中原王朝与乌桓之间关系密切，光武帝以大量的钱和丝绸做代价，使乌桓彻底臣服。东汉设立了乌桓校尉府，负责处理乌桓、鲜卑事

狗，东汉彩釉陶器　高 36.5 厘米

务。这个机构使东汉与乌桓之间的和平关系保持了半个世纪。汉献帝时期，乌桓与袁绍勾结，共同对抗曹操。

为了排除乌桓侵扰的威胁，207年，曹操亲率大军远征乌桓。大军直捣乌桓的统治中心，杀掉了乌桓首领蹋顿，平服乌桓各郡。他把乌桓的一万余部众迁至中原地区，把乌桓的精兵编为骑兵部队。这支部队英勇善战，在曹操统一北方及与刘备、孙权角力的战争中起到了巨大的作用。

乌桓人因为与中原联系加深，开始从事农业，并被逐渐编入中原王朝的户籍，逐渐与汉族融合。留居在塞外的乌桓人到两晋时期仍很活跃，并先后归附于前燕、前秦、后燕、鲜卑。魏晋以后，塞外乌桓与其他诸族错居杂处，民族成分发生了变化，形成了所谓的"杂胡"。久处中原的乌桓人逐渐与汉族同化，乌桓姓氏相继有郝氏、刘氏、张氏、王氏、鲁氏等出现；而另一部分随着鲜卑的强大而加入其中，先同鲜卑融合，最终随鲜卑汉化而同化于汉族。

乌桓铁骑威震中原

乌桓人最初形成于科尔沁草原，势力弱小，受匈奴人控制。后来汉武帝打败匈奴后，将乌桓人南迁到辽西、辽东、右北平、上谷、渔阳塞外5郡，接受西汉王朝的庇护。乌桓人不断发展壮大，到东汉时已经发展成辽西、辽东、右北平、渔阳、上谷、广阳、代、雁门、太原、朔方边塞10郡，尤其是辽西、辽东、右北平3郡乌桓实力更强，他们被曹操打败后内迁中原，编入曹魏大军之中。他们骑马弯弓，驰骋在中原大地，创造出一个个动人的故事，成为中华大家庭的重要成员。

乌桓人是东胡部落联盟中的一支，具有东胡人的生活特征，逐水草放牧，居无常处，勇猛善战。最初的乌桓人生活的地方，史籍中称作"乌丸川"，即西起西拉木伦河以东，乌力吉木仁河、新开河以南，洮儿河以西，西辽河以北的狭长草原地带。这时期的乌桓人作为匈奴人的奴隶，"岁输牛、马、羊皮，过时不具（不缴），辄没其妻子（为奴婢）"，因此，乌桓人经常反抗匈奴人的奴役和压迫，但都被匈奴人残酷镇压下去了。西汉击败匈奴后，匈奴人败逃漠北，乌桓人才从匈奴人的压迫之下被解放了出来。

乌桓人在西汉王朝的庇护下，部族逐渐强大起来，乌桓人因恃有强大的汉朝作后盾，为报灭族之仇（指袭灭东胡）挖了匈奴人的祖坟，匈奴单于大怒，遣兵2万骑进击乌桓，同时又动用3000余骑入侵汉塞，掳掠汉朝边民。西汉于是以中郎将范明友为渡辽将军，率领2万骑兵出辽东追击匈奴，匈奴人得到消息，抢先迅速撤离。汉兵遵照大将军霍光"兵不空出"的原则，转而对乌桓进行了攻击。乌桓刚受到匈奴重挫，部众疲敝，在范明友攻击下损失惨重，3位大人被杀，6000余人被斩首。乌桓无力与汉朝为敌，开始时而归附西汉，时而与匈奴联合，实行双重政治策略。汉朝则以军事征服为主要手段，不断打击乌桓人的势力。

到了王莽执政时期对乌桓人采取歧视、压迫和奴役政策，强迫乌桓人参加反匈奴人的战争，还扣押参战人员的妻子、儿女为人质，逼迫乌桓人与匈奴人打仗。乌桓人不堪忍受，遂自亡叛，沿途抄盗汉地郡县，王莽令郡县杀光所有扣押的乌桓人质，由是乌桓人与王莽结下了仇怨。他们骑着快马，轻装简从，早晨从草原出发，傍晚即可抵达东汉边城。这一时期，不仅东汉军队屡屡被乌桓击败，就连匈奴人也被乌桓杀得北徙千里。因为乌桓铁骑不能战胜，光武帝刘秀就以财物贿赂乌桓，让乌桓归附。于是，乌桓部族中以势力最强大的辽西乌桓大人郝旦为首的各郡乌桓首领900余人归附东汉。

这次他们南迁更加深入中原地区，不仅外长城东段以北，就连外长城中段以北的乌桓人也都进入了长城以南。分布地区也愈向西扩展到内蒙古河套一带。此后，乌桓部众与东汉王朝基本保持着"边塞无事"的平衡状态。

东汉中期入居塞内10郡的乌桓人，精骑善射，能征惯战。他们选出精良的乌桓骑兵，组成队伍，为东汉作战，被称为"乌桓突骑"。当时，乌桓突骑在作战中起着冲锋、突击和摧陷敌人阵地的作用，各郡突骑3000至5000不等，人数虽然不多，战斗力却很强。当时幽州各郡都有突骑，其中的渔阳、上谷的突骑最享有盛名。

黄巾起义爆发后，群雄并起，战乱频频。乌桓被曹操平复，他把乌桓人全部迁入中原，将所获的乌桓战士通过精选和整编，改编成精良的骑兵部队，仍由乌桓的王、侯、大人率领，随同曹操转战南北。后来，曹操屡征西羌，与马超开战。西羌人勇猛善战，曹操屡屡战败。最终还是靠无可匹敌的乌桓骑兵，才打败了同样以骑射闻名的西羌骑兵。自此，乌桓骑兵终在史书中留下了"由是3郡乌桓为天下名骑"的评价。这支来自草原的"天下名骑"，帮助曹操完成了统一北方的战争。后来与吴、蜀对峙时，吴蜀联军联合进攻曹操都不能成功，而曹操却屡屡在进攻中取得战果，乌桓铁骑在其中起了非常大的作用。

曹操是如何解决北方政权忧患的

东临碣石，以观沧海。
水何澹澹，山岛竦峙。
树木丛生，百草丰茂。
秋风萧瑟，洪波涌起。
日月之行，若出其中。
星汉灿烂，若出其里。
幸甚至哉，歌以咏志。

　　这是三国时代的军事家、政治家、诗人曹操在北伐乌桓胜利而归，路过碣石时写下的历史名篇《观沧海》。诗文汪洋恣肆，颇显一代雄主威风凛凛、不可一世的雄风。这次北伐乌桓的成功，奠定了曹操成为一大霸主的基础，使得曹操在北方没有了后顾之忧。所以，从这首诗中，是可以看出曹操当时的心境的。

　　200年，曹操在官渡击败袁绍军。此后，袁绍一蹶不振。205年，袁绍之子袁尚、袁熙投奔北方的乌桓部落，曾经得到袁绍善待的乌桓人收留了两人，并且出兵攻击曹操的部下鲜于辅，号称要为袁绍报仇。其实，早在曹操进攻困守南皮的袁绍长子袁谭时，乌桓就有攻击曹军的意图，曹操对此非常忌恨。这样，乌桓对袁绍之子的收容，成了曹操讨伐乌桓的导火索。

　　207年，曹操亲统大军，北征乌桓。5月，曹操大军到达了右北平的无终县。无终是通往辽西的要冲所在，得知消息的乌桓军队也到达了这里。但时值盛夏，正赶上雨季，由于地势低下，又靠近海，道路被滂沱大雨冲得泥泞不通，曹操大军一时无法前行，而乌桓的军队暗守山中小路和险要之处，随时注意着曹军的动向。这种局面一直持续到7月，依然没有任何改善。

曹操乌巢烧粮草

这时，投靠曹操的田畴告诉曹操，曾经有过一条从卢龙塞出发途经平岗通往柳城的路，这条路断绝已经200年之久了，但从山中还能找到小路，他建议曹操假装退兵，使乌桓军队放松警觉，然后趁机进入徐无山，再向北出卢龙塞，经平岗，从敌人防备空虚的地方进军，直逼柳城。这个建议立即被曹操采纳。

在经过艰难的跋涉之后，曹操大军终于出现在辽西的大地上。直到他们行至距柳城200里的地方，乌桓才终于有所察觉，双方均急于抢占有利地形，207年8月，双方的军队在白狼山相遇。曹军一路上翻山越岭，兵士大都轻装简行，所以当时曹操"车重在后，被甲者少"，而乌桓军队数量众多，以至于曹操左右皆惧。

沧海横流，方显英雄本色。正当众人惊恐之时，荡寇将军张辽力劝曹操，要求主动出击。曹操登上高处观察敌情，发现乌桓军队也是仓促应战，阵式并不齐整，所谓"狭路相逢勇者胜"，于是果断地命张辽、张郃为先锋，趁敌人立足未稳，冲杀敌阵。立足未稳的乌桓军顿时便陷入混乱。而此时曹军的第二拨攻势又接踵而至，这一举击溃了乌桓的亲卫部队，乌桓军彻底崩溃。曹军一路追奔，直取柳城。这一战，杀得尸横遍野，血流成河，史书记载："虏众大崩，斩蹋顿及名王已下，胡、汉降者二十余万口。辽东单于速仆丸及辽西、北平诸豪，弃其种人，与尚、熙奔辽东。"至此，3郡遂平。

曹操的此次征伐，一举解决了3郡乌桓之患，稳定了河北局势，而且对其他乌桓、鲜卑部落和盘踞辽东的公孙康势力起到了极大的震慑作用。

第四篇

夷越古国

徐国：西晋、春秋时代的诸侯国之一

　　江西靖安县水口乡的一座东周古墓的发现纯属偶然，如果不是盗墓被举报，这座辉煌的艺术宝库可能还将沉眠地下而无缘显露真身。这是典型的"一坑多棺"的奇特葬式，充满了重重悬念：47口东周时期的杉木棺材同时葬在一个墓穴中，但主棺里空空荡荡。是否曾被盗墓贼光顾过？为什么一座古墓中埋有47位死者，他们之间是什么关系？除了8号棺里发现了一副完整的人骨架外，其他几个棺中仅发现了6组脑组织，令人吃惊的是，在人脑组织缝隙中竟然长出了晶莹剔透的绿色晶体，这究竟为何物？但是更大的悬念也许在后面，这座千年古墓，是否与一度消失的古徐国有所关联？

　　根据北京大学考古文博学院的李伯谦教授介绍，靖安从清代末年就出土过徐国铜器，1979年在挖地基修路时更是挖出过一座名为"卢盘"的徐国青铜器。因为当年的徐国在今天的苏北一带，而千里之外的靖安竟然出土了徐国的文物，这里面隐藏着什么玄机？徐国早已湮灭史籍多年，不曾有过详细记载，这座开启的千年古墓，或许能帮我们找到关于这个古国迁徙的蛛丝马迹。

后羿是英雄还是野心家

　　徐国属于东夷诸国之一，它最早的起源可以追溯至夏禹时期。

　　据说在舜统治的时候，天下发了大水，灾祸累及百姓。舜派鲧去治水，鲧采用围堵的方法，不但没有治理好横流的洪水，反而劳民伤财，毫无功效。因为治水无功，舜将鲧处死，并派鲧的儿子禹去治理洪水。禹采用和他父亲不同的方法，采用疏导之术引导洪水顺河入海，结果取得了成功。从此，大禹就受到了舜的赏识，舜年老后，就将王位禅让给治水有功的禹。在禹治水的过程中，东夷族领袖伯益率领部众追随禹，发挥了巨大的作用。禹年老后，按照禅让制度，将王位禅让给伯益。可伯益看禹的儿子启年轻而贤明，坚持让贤，只在启的守丧期间代摄了 3 年政事，等到丧满，立刻跑到箕山（在今河南省）之南隐居起来。启感念伯益禅让归隐的高义，便把伯益的次子若木封在徐国，即今山东中南部一带、安徽省泗县以北的地方。从此，若木的子孙就世世代代在这片叫作徐国的土地上繁衍生息了起来……

这就是关于徐国来源的传说。除此之外，还有些人们耳熟能详的故事也与徐国有关。

"后羿射日""嫦娥奔月"的神话传说上至八旬老叟、下到三岁顽童，都是十分熟悉的。后羿和妻子嫦娥是尧帝时代的神人。当时，天帝有 10 个儿子，就是 10 个太阳，天帝安排他们轮流照耀人间。10 个太阳贪玩，一起溜出来。天上同时出现了 10 个太阳，天帝命善于射箭的后羿到人间管教自己的儿子。后羿看到人间的苦难怒不可遏，

221

西周　青铜方鼎

一口气射掉 9 个太阳，最后一个太阳藏起来得以保命。后羿救助了百姓，却杀掉了天帝的 9 个儿子，天帝把后羿永远贬斥到人间。后来，后羿到西王母那里去求来长生不死之药，谁知，嫦娥竟然趁后羿不在偷吃了灵药，飞到月亮上的广寒宫中去了。

故事终归是传说，但历史上却真有后羿其人，他的妻子也确实叫嫦娥。这个后羿，就是徐国国君。可是这个英雄的故事却和史实有着较大的出入。

据说，当年夏启死后，他的儿子太康即位。太康爱好打猎，有一次，出去打猎，一百天对朝政不闻不问。后羿虽然只是小小徐国的国君，却有着极大的政治野心，他看到太康出去打猎是个机会，就带兵进驻洛水北岸，断了太康的归路。太康归路被断，只好在洛水南面流亡。后羿乘机把持了夏朝大权，他另立太康的兄弟仲康为王，独揽朝政。仲康死后，后羿更加肆无忌惮，堂而皇之地夺了夏朝的王位。夏王后羿穷奢极侈，他依仗自身武力高强四处打猎，把国家政事交给亲信寒浞处理。寒浞也是个有野心的人，他羽翼丰满后，就趁后羿打猎归来时把他杀了。

寒浞夺得了王位，派人到处追杀仲康的儿子相。相四处逃亡，最后被寒浞捉住杀死。相死的时候，他的妻子已经怀有身孕，只好逃到娘家有仍氏，生下了儿子少康。少康为有仍氏部落放牧，日渐长大。寒浞听说相有个遗腹子后，发兵追讨，意欲斩草除根。少康成人后投奔有虞氏，有虞氏国君见少康年轻有为，就把自己的两个女儿嫁给他，为他修建了纶邑让他居住。纶邑西有嵩山，北有具茨，南临颍水，土地肥沃，气候宜人，有田一成（方圆 10 里），有众一旅（500 人），少康从此有了安身之地。少康便以纶邑为根据地，抚恤招纳散亡的夏遗民旧部，发展生产，积蓄力量，又纠集自己的亲信氏族及对寒浞不满的部族，合力消灭了寒浞及其余党，"整威仪东南行，求阳翟夏王之故都"，葺宫室，修钧台，视九鼎，天下诸侯纷纷拥戴。夏帝太康失国数十年后，少康终于"坐钧台而朝诸侯"，重登天子之位，励精图治了……

在远古的神话传说中，后羿是一个敢于牺牲、甘于奉献并且武艺出众的英雄；然而，现实中的后羿却是政治野心极强的野心家。两者有着如此明显的差别，这不能不说是历史和人们开的一个大玩笑了。

《瑶台献寿》　南宋　刘松年　32厘米×31厘米

徐偃王因何丢掉了江山

徐与秦俱出柏翳为嬴姓，国于夏殷周世，咸有大功。秦处西偏，专用武胜；遭世衰，无明天子，遂虎吞诸国为雄。诸国既皆入秦为臣属，秦无所取利，上下相贼害，卒偾其国而沈其宗。徐处得地中，文德为治，及偃王诞当国，益除去刑争末事，凡所以君国子民待四方，一出于仁义。当此之时，周天子穆王无道，意不在天下，好道士说，得八骏，骑之西游，同王母宴于瑶池之上，歌讴忘归。四方诸侯之争辩者，无所质正，咸宾祭于徐。贽玉帛死生之物于徐之庭者，三十六国，得朱弓赤矢之瑞。穆王闻之恐，遂称受命，命造父御，长驱而归，与楚连谋伐徐。徐不忍斗其民，北走彭城武原山下，百姓随而从之万有馀家。偃王死，民号其山为徐山，凿石为室，以祠偃王。偃王虽走死失国，民戴其嗣，为君如初。驹王章禹，祖孙相望；自秦至今，名公巨人，继迹史书。徐氏十望，其九皆本于偃王，而秦后迄兹无闻家。天于柏翳之绪，非偏有厚薄，施仁与暴之报，自然异也。

这是韩愈对徐偃王的一篇肯定的文字，也是对其仁义之心的褒奖之词。

徐偃王诞生在周昭王三十六年，全名嬴诞，关于他的出生还颇有一番神秘色彩。他生下来时是一个肉球，胞衣没有破开，家人以为怪物不祥，就把他抛弃在了河水边上（"生而胞不坼，以为不祥，弃诸水滨"）。可是，徐偃王命不该绝，有独孤姓的老人，养了一只名为"鹄仓"的狗，发现了嬴诞。老婆婆看到肉球里面有东西蠕动，剖开一看居然是一个婴孩，哭声洪亮，面色圆润，如获至宝，以为是上天的恩赐。偃王左右手上各有一团复杂纹理，一字像"偃"，一字像"王"，故名为徐偃王。

不但如此，徐偃王小时候还有一些极为特殊的地方。据《尸子》载，徐偃王刚出生时"有筋而无骨"，身体极度柔韧。偃王小的时候，"喜入深水而得怪鱼，入深山而得怪兽"。《荀子·非相》载："徐偃王之状，目可瞻马。"意思是偃王的眼睛比马眼还要大。"王生有异相，目不能视细，望远乃见。"由于有一双特殊的眼睛，徐偃王只能看较远的东西，近的、细小的则看不清楚。当然，这都是传说，到底是否如此，恐怕没有人能说清楚了。

后来，徐偃王重新回到了王宫中，接着又继承了王位。从此，徐偃王励精图治、废寝忘食地治理国家。为了治理好徐国，徐偃王"弛甲弋，墮城池，修行仁义，被服慈漫，视物如伤，以怀诸侯"。他裁省军费用于发展民生的诸项事业，以仁义治理民众，以诚信对待诸侯。在他的治理下，徐国人民安居乐业。

后来，东南诸侯有人作乱，周天子令徐偃王率领东方诸侯平定叛乱，同时赐封他为伯。东方各诸侯"贽玉帛死生之物，朝于徐"。徐偃王得意忘形，正式称"王"。他是西周诸侯国中第一个向周天子称王的诸侯。

依照周礼，王要有王的礼制。于是，徐偃王开始营建徐国国都。《地理志》载，"故徐国，其城周十二里"，而周天子的都城也不过 9 里。国都建好后，徐偃王有了"欲霸上国"的野心。这时候，有一个徐国人在挖水渠的时候，得到"朱弓铜矢，以为天瑞"的祥物，献于徐偃王。当时只有周天子才有征伐的权限，而弓矢是征伐之物，这件祥物显示出上天把征伐之权授予偃王。这时，东方大小三十六国诸侯自愿割地献徐，有一些诸侯国甚至自愿并入徐国联邦，徐国从一个百里小国变成地方数百里的中等诸侯国。徐偃王也以为自己有了雄霸天下的实力。

但是，徐偃王想的是仁霸天下、文霸天下，而不是武霸天下。

这时，周天子穆王正在派兵征西，讨伐游离在周朝边境线上的少数民族犬戎族。凯旋后，他命令工匠制作成八骏车驾，然后带着仪仗队巡游天下。

周穆王听说徐偃王逾制建都后，勃然大怒。于是发雄兵来攻打徐国。当浩浩荡荡的大军兵临城下之时，徐国的老百姓们知道大难将至，于是奔走哭号，满城悲声。

面对攻打徐国的兵士们，徐偃王叹息说："圣人不可杀人已呈己欲，君子不处危邦，楚患者，诞一人而已，我去，则刀兵可息。"这样，徐偃王弃城而走。可是，敌军紧追不舍，徐偃王无奈之下跳海自杀，临终之前叹息说："吾赖于文德，不明武务，以至于此。"就这样，这个喜欢谈论文明教化的仁德之君的生命就在茫茫的大海中画上了休止符……

良渚古国：无限风光背后的历史记忆

南依人间天堂杭州，北接鱼米之乡湖州，西有连绵起伏的山丘，东有一望无际的沃野，这一片土地，在著名考古学家夏鼐先生眼中，真是美好的水陆天堂。夏鼐称此处为良渚，"良"即"佳、美、好"的意思，"渚"即为"水中的陆地"。这个杭州市余杭区辖下的镇，这片江南水乡中最好的"风水宝地"，在无限风光的背后，更隐藏着一段辉煌的历史、一段消失了的记忆。

良渚人属于哪个部族

1959 年，"良渚文化"这一名词正式被著名考古学家夏鼐提出，并以其为中华文明的诞生做出卓越贡献的原始文化的名称。"良渚文化"，这个响亮的名称很快被接受并沿用至今。

良渚文化分布范围宽广，影响面北至鲁、豫，西进两湖，南抵闽、粤、台，中心地区则在太湖流域。良渚镇、湖州钱山漾、上海马桥、江苏吴江龙南、张家港鹿苑乡都是著名的良渚文化遗址。

关于"良渚文化"的发现有着一个曲折的故事：1936 年 11 月 3 日，南方的天气犹如以往一样阴冷潮湿，一切都一如平常。西湖博物馆的一位年仅 24 岁的、名不见经传的小青年施昕更，正在田埂的泥土中进行田野考古。施昕更祖籍余杭良渚，他生于斯长于斯，自小就耳闻当地常会出产一些玉石，长大后，他来到西湖博物馆工作，正式接触考古工作。刚参加工作的施昕更充满了求知欲，他相信自己的家乡肯定有着丰富的考古遗存。施昕更学历不高、在考古界也没有名气，可是他却有着对考古事业的一腔热爱。皇天不负有心人，终于，施昕更在考古中有了惊奇的发现，他发现了一件有孔石斧。而且，他惊讶地发现，这石斧和他在邻居家看到的石斧相仿，难道这片土地里掩埋着一段悠久的历史？施昕更心生疑问，于是更加废寝忘食地对这片土地进行地毯式搜索。在得到了第一把石斧之后，施昕更又相继发现了较完整的陶壶、陶豆，有为数众多的石刀、石锤，还有精美绝伦的玉琮、玉璧等。

一石激起千层浪，这一发现犹如阵阵的春雷，轰动了考古界。至此，埋藏几千年的良渚文化终于得以揭开面纱，现于世人面前。施昕更对良渚文化做出的卓越贡献深深地刻在了人们的心中……

后来，备受关注的良渚文化遗址得到科学的挖掘。有专家学者将良渚遗址分为三类：中心遗址、次中心遗址和普通遗址。

良渚文化的中心遗址之一就是反山，在杭州市区西北方向。杭州至南京公路，经良渚、长命到瓶窑路边的一片不大的土地上，有一座高约5米、东西90米、南北宽30米的土墩，当地人称为"反山"。

反山是一座良渚大墓，有学者大胆推测，反山大墓正是古良渚国的"皇陵"所在。1971年，考古队员开始在此进行考古发掘，但是刚开始几天一无所获，到了第四天的时候，考古队员们在此发掘出一件玉琮。玉琮是大型的玉制礼器，在一般的墓葬里很难见到它的踪影，由此，考古学家断定了反山遗址的重要地位。随着发掘的深入进行，考古人员在5个月内共发掘出11座大墓，各种随葬品达到1200多件，其价值之高、意义之大，震惊世人。

良渚考古文化证明了史前某支人类群体活动的遗存，考古学家们称良渚文化社会群体活动遗存的创造者为良渚人，良渚文化是由良渚人创造的。可是，关于良渚人是源于哪个部族的，考古界还存在众说纷纭的状况。

有的考古学者认为，与良渚文化时期在时间与空间上吻合的部族有蚩尤、防风氏、羽民国等部族。从这个意义上来讲，良渚人是可以属于蚩尤、防风氏、羽民国等任何一个部族的。

可是，由于史料的稀缺、文物的稀缺，想要证明良渚到底是上述哪一个部族的还得经过一番极为艰难的考证。

因此，有人提出了另一个考证良渚人部族的方法——从良渚玉器图案来考证。在良渚文化玉器上，有一个类似于一尊英武的战神的图案反复出现。有学者推断说，这个类似于战神的图案指的是蚩尤。因为在古代传说中，蚩尤是中

东汉铜车配件　高 16.5 厘米

新石器时代的中国玉器　良渚文化　5.7 厘米 ×14.3 厘米

新石器时代良渚文化　玉璧　直径 21.3 厘米

新石器时代良渚文化
兽面纹玉饰　6.7 厘米 ×8.3 厘米

国东南方的部族首领，非常英勇好战，为了扩大势力范围，不断地与其他部族发生地盘争夺战，屡战屡胜，被尊为战神。可惜的是，不可一世的蚩尤在与中原南下的黄帝部族发生战争时，被更为强大的黄帝部族打败了，从此一蹶不振。

良渚文化中石钺非常发达，表明良渚人也好勇强悍；蚩尤战争节节胜利之时，也正是良渚文化非常发达之时；而蚩尤最终被黄帝打败的时候，又正是良渚文化衰败的时候。传说中，蚩尤其他的几个部落联盟同属东夷集团，居于山东和长江三角洲一带，而蚩尤部族中有一支首领叫九黎的大部落联盟，它的分布范围包括了良渚文化的所有地域，因此，强悍的良渚人应该就是九黎族中的一支。九黎族中有一支叫羽人或羽民的，他们信奉鸟、兽，把它们当作祖先，因而信仰崇拜鸟、兽图腾，而良渚文化中玉器上的神秘图案下部分似乎也像鸟、兽，也是良渚人崇拜的一种图腾，所以良渚人很有可能就是羽人或羽民。

良渚人用什么工具来加工玉料

今天莫角山东北 5 千米处，就是著名的良渚文化的瑶山遗址。在这个看上去毫不起眼的地方，良渚人在此修建祭坛祭祀神灵，因此为后人留下了大量的考古资料。此处共有 13 座墓葬，发掘出随葬器物 700 余件，有陶器、石器、玉器、漆器。其中，玉器共 600 余件，种类繁多，雕琢技法高超令人叹为观止。因此，还有的学者提出了"玉器时代"的说法。

既然此地出土了如此之多的玉器，那么此地或附近区域一定有丰富的玉矿来供给。而在良渚文化范围内，人们曾在很长一段时间没有发现玉矿。因此，有人认为良渚玉料是从盛产玉的地区，甚至是新疆辗转运来的。可是，在那个相对闭塞的时代，从遥远的新疆运输玉料，是不是有些牵强呢？为此，有专家执着地认为，在良渚文化的区域必定存在着被人们遗忘了的古代玉石矿藏。

1982 年，考古人员终于在江苏省溧阳小梅岭发现透闪石软玉矿藏。经取样鉴定，此矿玉石质地细腻，色泽呈白色和青绿色，呈蜡状光泽，与良渚文化玉器所用玉料相似。这一发现使考古学术界非常兴奋，专家们普遍认为："良渚文化的玉料来源可以确定是就地取材，而非远地转运。"

解决了玉料来源的问题之后，又有一个新的问题出现了。玉器的质地十分坚硬，即使是在当今社会，一些金属工具也不能很好地切割玉料，那么，在没有发明金属工具的良渚时代，良渚人是怎么样切割玉料的呢？

专家学者们依据出土玉器上遗留下来的加工痕迹和弃留的边角玉料，推测当时玉料的切割可能有三种方法。

第一种是线切割法，这种方法是用马尾和马鬃绳充当"锯条"，不断地加砂和水，来回往复地拉动"锯条"摩擦拉锯，慢慢地便可把玉料剖成两面平整的玉片。但是，这种方法有明显的不足，线切割法耗时耗力，可是在良渚文化遗址上又出土了如此多的玉器，这些玉器都是用这种方法来切割的吗？

第二种是片切割法，这是根据良渚玉器上出现的呈"V"字形的切割痕来推测的。就是用石片或木片等摩擦切割加工玉器的一种方法。

第三种是砣切割法，就是在一个水平轴上安装一个圆盘，然后将缠在圆盘上的带子连接在脚踏板上，制玉工匠用脚交替地踏踩脚踏板，旋转带动圆盘转动，通过摩擦来加工玉器。

良渚许多玉器的雕刻纹饰繁密细致，和谐工整。在没有金属工具的时期，良渚先民又是如何在玉器上雕刻呢？

学术界争论至今，有人说除了传统的细石器外别无他物能刻画出那么繁缛的图案；有人则认为良渚文化玉器纹饰是用鲨鱼牙刻画出来的，良渚墓葬中亦曾有鲨鱼牙的出土；还有人则认为良渚玉器大部分采用过焚烧加热的办法，使玉器表面硬度降低后再进行加工的。日本著名学者林巳奈夫则认为良渚玉器上的刻画纹饰的刻刀是钻石。

钻石的硬度足以用来雕刻玉器，可是目前并还不清楚史前的先民是否已对钻石有所认识，同时太湖流域也不见有发现钻石的报道，况且钻石钻具又是用什么工具或方法制成的呢？这些都成了解决良渚人用什么工具加工玉料的拦路虎。但是，相信在科学昌明、考古发达的今天，人们一定会找到答案的！

良渚文化神秘失踪

良渚先民用勤劳的双手、智慧的心灵创造了辉煌的时代，可是这个时代就像一颗绚丽多彩的流星，在令人目眩神迷一阵后突然神秘地"失踪"了，给世人留下一个千古之谜。

那么，良渚文化是如何失踪的呢？对于这个问题人们在反复地争论着、探讨着，可是却没有得出一致的答案。

有学者认为是海侵摧毁了良渚文化。在前3000年良渚文化晚期，全球性气候变迁，气温升高，冰川融化，海平面上升，太湖平原除了少数高地和丘陵外，全部没入汪洋之中，造成了一次大规模的海侵。这次海侵对于良渚文化来说是毁灭性的，经历了千余年发展起来的良渚文化毁于一旦。

也有的学者提出，良渚文化的消失是洪涝灾害造成的。良渚文化晚期，太湖地区气候由寒冷变得温暖湿润，平均温度比现在高2摄氏度，雨量明显增多。由于当时的海平面高出以前2米左右，留于内陆的水泄不畅，势必会造成很大的水患。因此山洪暴发，江河水涨，洪水泛滥，陆地被淹，黄河、长江的下游，尤其是长江三角洲一片汪洋，人们只能向高处躲避或逃奔外地。良渚文化各种设施顷刻间被摧毁，而其农耕地更是常年淹没，再也无法以农为生了。特大洪水灾难延续了若干年，良渚人已无法生存，于是他们只有背井离乡，有的南下，有的北上，被迫大规模地举族迁徙，长途跋涉，辗转漂流。

还有的学者认为，造成良渚文化消失的原因在于战争。良渚社会时期，在黄河、长江流域，类似的部落方国为数不少。随着各古国政治的加强，拥有王权、军权、神权于一体的统治者，对内实行着血腥的统治，对外为了聚敛更多的财富，扩大地盘和人口，同周邻部落古国之间发生着激烈的掠夺性战争。良渚部族本来在当时是最发达、最强悍的一支，但是由于贵族首领的日渐奢靡，普遍追求享乐型的社会生活，非生产性的劳动支出占有相当大的比重，社会基层越来越不堪重负，经济基础与上层建筑越来越不相适应，导致社会矛盾激烈，内讧和各立山头的局面产生，危机四伏。整个社会越来越缺乏控制力，国力日益削弱，这种情况下，在频繁的战争中也就逐渐失去了取胜的优势，造成了良渚的消失。

闽越古国：烟瘴深处隐藏的悬疑

1958 年，我国的考古工作者在福建省武夷山市兴田镇城村西南进行考古工作时，突然发现一些以前从未出土过的器物。器物普遍具有汉代文物的特征，而且源源不断。长期以来，人们普遍以为福建地区长期处于发展迟缓的阶段，与中原地区相比，进入文明社会较晚。考古工作者十分诧异：这些汉代特征的器物怎么会在此地被发现？

第二年，福建省文化管理委员会派驻到这里，进行了更大规模的考古发掘，一座长达 2000 多年的时间里被掩埋在历史尘埃下的古王城惊现于世。自 20 世纪 80 年代起，福建省博物馆考古队进驻城村，进行更大规模的持久发掘，一座占地 10000 多平方米、规模宏伟的古代宫殿建筑群遗址展示在世人面前。随着发掘工作的进展，一个新的王国闽越国进入了专家们的视线，许多难解的历史之谜迎刃而解，但更多的疑问也随之而出。《史记》中记载的"闽中故地"，《汉书》中的"闽越君东海王府"在层层的黄土之下得到了印证，也留下了更多的悬疑。武夷山闽越王城遗址在为人们打开一扇透视福建上古文明的窗口的同时，又留下了一个个难解之谜：闽越国是一个什么样的国家？国王是谁？建都在何处？它又是如何走向灭亡的？

闽越人传承几千年的奇特习俗

闽越族是中国上古时代的少数民族之一，中国南方百越族群中的一支，自古居住在浙江南部、福建等地，也是中华民族的来源之一。先秦时期，他们迈入了青铜时代。

由于闽越族民生活在浙江、福建一带，这里水网纵横，多山多水靠海，所以造就了闽越人头发棕红、眼睛深邃灵敏的相貌特征。另外，又因为受地理环境多水潮湿、气候温和等因素影响，确定了他们以鱼、山兽、黍之类为主食的生活特点。

除了一些普通意义上和其他民族不同的风俗习惯以外，闽越人还有着许多与众不同的风俗习惯。

断发，就是闽越人的一种特殊的风俗。"断发"，是剪断头发之意，它与"椎髻""披发"类似，都是古代闽越人流行的发式。古代中原人认为身体发肤受之父母，不敢毁伤，所以无论男女都留长发终身不剪。断发，这在儒家统治的中原人看来简直是一种极其野蛮的行为。

文身，就是在身体上刻画图案，并涂上颜色，以便留下永久的标志。这在"正统"的中原人看来也是一种大逆不道的行为了。《淮南子·泰族训》说："夫刻肌肤，镵皮革，被创流血，至难也，然越为之，以求荣也。"闽越人为什么喜欢文身呢？他们又常常在身体上文一些什么样的图案呢？

原来，蛇图腾是闽越族民们的信仰之一，在原始社会就有了这种信仰。原始人相信各氏族分别渊源于各种特定环境的特定物类，与动物、植物或其他物种有着特殊关系，因而作为本氏族的象征和庇护者，加以崇拜和保护。上古时代各图腾部落所属的人们在成年时必举行一种保证永远不失信于图腾的荣誉仪式，而文身就是这个仪式中的一个程序。最初，闽越人人文身，使自己与蛟龙相似，以求避免蛟龙的侵害。渐渐地，由于尽量将自己装成蛟龙的样子，他们逐渐相信蛟龙就是自己的保护神，是自己的祖先，这样就产生了图腾观念，承认蛟龙是自己的图腾。从此文身带上了神秘的意味，人们沿袭这种习俗已不再是为了蒙蔽蛟龙，而主要是借助这种图腾威灵的保佑庇护。直到最后，图腾的意义就渐渐地淡薄了，但文身的习俗却保留了下来。

闽越人还有一个特殊的习俗——拔齿。有学者指出，在旧时文献中，这种风俗习惯被称作"凿齿""打牙"。这是一种有意识地采用人工方法，拔除（或打、或敲）某些健康前位齿的行为，在《山海经》《淮南子》中都有记载。另外，《博物志》中说："既长，拔去上齿牙各一，以其身饰。"意思是说，闽越人把拔齿作为成年仪式中的一道程序。《黔书》说："女子将嫁，必折其二齿，恐妨害夫家也。"也就是说，闽越女子出嫁之前，必须拔掉两颗牙（大约

蛇座凤鸟鼓架　战国时期（前475年至前221年）　楚国　132.1厘米×124.5厘米

西晋　越窑神人楼阁纹青瓷瓶（魂瓶）　45.4厘米×30.3厘米

是犬齿），以免妨害夫家。古越族的后代——近现代的高山族还或多或少地保留有拔牙的习俗。在广东珠江三角洲，环珠江口的贝丘、沙丘遗址，目前已经发现数十例与拔牙相关的考古遗迹。这些拔牙遗迹的人类体质特征相同，所拔牙齿位基本相同。它们的年代均在距今4000年以内的先秦时期。对于"凿齿"的习俗，学界比较普遍的有数种说法：一是认为是青春期、成丁礼或结婚所需的一种仪式；二是认为其表示一种美的观念，具有装饰意义；三是认为这是为了表示崇信的一种行为或纪念性的行为。不论哪种说法更接近古人"凿齿"的深意，有一点不可忽略，即这种看似奇怪的习俗是古代岭南先民丰富多彩的生活的一部分。此外，闽越人中还有一种漆牙的习俗，称为"黑齿"。

闽越人除了有着这些怪异的习俗之外，在建筑上也有着和中原人不同的风格。"干栏"建筑就是闽越人习居的主要建筑形式。"干栏"又称为"交栏""阁兰""葛栏"等，在木柱（或竹柱）底架上建筑的高出地面的房屋。由于当时闽越地区地面潮湿，草木茂密，所以滋生出了许多的蛇虫猛兽，这些蛇虫猛兽常常会在深夜人们熟睡的时候，对闽越的百姓进行进攻和侵扰，给人民造成了极大的损失。为了避免潮气的影响和蛇虫野兽的侵袭，聪明的闽越人就居住在树上，营建鸟巢式的住所。由于这种"巢居"给日常生活带来了极大的不便，所以后来，人们到地面上营建住所，但为了隔绝潮湿和防止猛兽进攻，闽越人想出了保持房屋的高度，将房屋架空的特点，就这样，就逐步演变成了这种"干栏"式的建筑。

闽越一共有多少王

前334年，楚国灭掉了越国，越国贵族四散出逃，有一部分王室子孙向南进入福建地区，与福建当地的原生居民闽族融合，形成了闽越族。后来，无诸成为闽越族的首领，带领闽越人逐步发展自己的实力，最终建立政权，无诸也成为第一任闽越王。

秦统一全国，秦始皇在福建设立了闽中郡。《史记》中记载："秦已并天下，皆废为君长，以其地为闽中郡。"这样一来，一方的人王地主——闽越王无诸就成了郡长。但是，秦朝并没有在闽越地区派驻军队，闽越郡实际上仍保持闽越国的地位。

秦朝后期，由于政治黑暗，各地义军纷纷揭竿而起，无诸也加入了反秦的行列。然而，项羽在分封诸侯后，并没有封无诸为王，于是在楚汉战争爆发后，无诸投入了刘邦阵营。由于无诸以及他手下的士兵作战英勇，为刘邦建立大汉王朝立下了汗马功劳，所以刘邦仍以无诸为闽越王。前202年，无诸建都城在东冶，也就是现在的福州。《史记·东越列传》记载，刘邦"复立无诸为闽越王，王闽中故地，都东冶"。

闽越称王由来已久，历经百数年，除了无诸之外，一定还会有其他闽越王，他们都是谁呢？

同无诸一起率领闽越将士与各路诸侯一道反秦助汉的还有一位闽越首领——摇。摇的地位仅次于无诸，当无诸为闽越王时，摇称"闽君""闽越君"，其领地在今浙江温州、台州、丽水一带。据《史记》记载，汉惠帝三年（前192年），汉朝中央政府重新褒奖闽越的战功，并特地指出闽君摇的功劳特别多，立摇为东海王，都东瓯，世俗号为东瓯王。东瓯在今浙江温州。《汉书》中记载："夏五月，立闽越君为东海王。"立东瓯王后，闽越国的国土仅剩下福建全境和江西的铅山县了，势力受到削弱。

其实，汉代初期在册立闽越王时只立无诸为王而不管摇，到了惠帝时期才重新算起几十年前的旧功，这并不代表汉朝朝廷"论功行赏"，而是恰恰说明汉朝惧怕闽越势力壮大，采取了类似武帝时期"推恩令"一样的措施，通过两次分封，削弱闽越的力量。

在此之后，闽越的势力又得到了一次休养生息的机会，再后来闽越逐渐势力强大，一举合并了东瓯国地。此后闽越王郢继续率兵进攻南越国，南越国岌岌可危，只好求救于汉朝政府。汉武帝得知此事后，立即派兵攻打闽越，郢的弟弟余善审时度势，认为闽越的国力无法同汉朝对抗，于是发动了政变，除掉闽越王郢，向汉朝求和。

余善本以为在这次战争中自己立了大功，汉武帝一定会大大地封赏自己的，可是，汉武帝认为余善弑兄夺权，势力过于强大，不利于中央政府控制，于是立无诸的孙子丑为王，并改称为越繇王。但是，余善的威望远胜过丑，在闽越更富有号召力，在下层百姓中也深受爱戴，越繇王丑对此无可奈何。

在这种形势下，汉廷扶持的越繇王丑和闽越百姓支持的余善形成对抗，形势对力求避战的汉廷不利。无奈之下，汉武帝接受大臣建议，索性下诏封余善为东越王，与越繇王分庭抗礼。这样才勉强解决了这场潜在的危机。

可是后来，东越的势力越来越强大，越繇王逐步沦为东越王余善的附庸。余善或许是不满当年汉武帝没有对其进行嘉奖的缘故，励精图治、废寝忘食地操劳国事，终于把东越国治理成了一个兵强马壮、经济富裕的国家。

由于东越国国势日益强盛，余善也逐渐不可一世，对中原的命令也是公然违抗，渐渐成了汉武帝的心头之患。前112年，汉军乘军队陈兵南方之际，汉朝"楼船将军请诛闽越"，双方发生激战。由于闽越内部矛盾重重，越繇王与人合谋诱杀了东越王余善，随后投降了汉朝，闽越国也就消失在历史的舞台上了……

在闽越国的历史上，还有着一些国王，只是由于历史的久远、史料的稀缺，造成了这段历史的漫漶不清。或许在今后的日子中，历史工作者们还有新的发现，到那时，闽越国到底有多少国王、闽越国到底有怎样的历史，这些问题都会逐一揭开的……

无诸筑台与建都之谜

刘邦复封无诸为闽越王后，作为刘邦分封的第一批少数民族诸侯王，无诸选择在南台江边的惠泽山建了一座高台，作为册封仪式的场所。此台后来被人们称为越王台，后人为纪念无诸，又在台旁修筑了闽越王庙，百姓们称此庙为"大庙"，于是惠泽山又称为大庙山，成为闽越国的重要遗迹之一。山上有一碑，摹刻宋代著名书法家米芾的笔迹"全闽第一江山"，充分体现这一古迹的历史韵味。

受封之后，无诸开始按照西汉诸侯国制度营造都城，当时福州陆地面积狭小，无诸选择了今冶山一带建城，于是该城便被称为冶城，因为冶城又在屏山北面，所以，屏山又称越王山。1990年以后，这一带陆续出土了刻有"万岁未央"等字样的瓦当、瓦筒等文物，也可证明这地方是闽越王城旧址。

冶城依当时诸侯王例"大者不过三百雉"，即方圆不能超过九百丈的标准设计。按一丈略等于 3 米，这座城方圆不过 2700 米，还不如一个村落大。冶城之南是水漫区，冶城又是一座土城，城里主要居住的是王室贵族、官吏士兵等，百姓四处散居。

在秦朝势力进入闽越地区之前，无诸已经是一国之王，应该建立了自己的王所。但无论史籍还是考古发掘中，都没有发现，此前闽越王的国都设在哪里呢？

1988 年，考古队在城村遗址东门外北侧发掘出了一个建筑面积为 2600 平方米的祭坛遗址。它以一个南北长约 70 米、南宽 32 米、北宽 22 米的台基为主体，高出台外地面 3 至 7 米，并有明显的二层宽达数米的大台地。台成三阶，正合"土基三尺、阶三等曰坛"之说。据考证，这座祭坛的兴衰与闽越的兴衰同步，闽越君王在这座瓯越宗坛上举行祭祀大典，而祭祀大典一般都在国都附近举行，这是否说明闽越的都城就在此地呢？

隋唐之际，训诂学家颜师古在《汉书》注中说明："闽中郡即今之建安是也。"武夷山城村古城遗址中，大量文物带有浓郁的秦风格，联系武夷山"秦始皇二年，武夷君大会乡人于幔亭"等种种传说来看，似乎为闽越前期都城在此增加了支撑。

至于无诸被正式册封为闽越王后，在福州建都城冶城的具体位置，后世也有争议。《福建通志·城池志》载"在冶山前麓"，即今屏山北面；《三山志》载"在今府治北二百五十步"处，即今鼓屏路湖东路口；《榕城考古录》载"冶城在福州城隍庙至诸古岭一带。"

自楚国灭亡越国，越国王族逃到闽越地区开始，到前 110 年汉武帝灭掉闽越，闽越前后经历了 200 余年的历史。其中，汉初闽越复国后的近百年间，闽越"卒不下数十万"，国力一度十分强盛。闽越的王城所在，大体上已有位置，但是闽越各个王族的陵墓埋藏在什么地方，却始终是个未解之谜。

南越古国：岭南地区汉朝境内的割据政权

　　1983 年 6 月的一天，广州的天气异常闷热。一阵大雨过后，气温变得稍微凉快一些，在象岗山的一处建筑工地上，建筑工人们趁着雨后抓紧干活。突然，附近一位工人的锄头触动了一块石板，接着，一件件的文物露出端倪。

　　考古人员马上介入，一个沉睡了 2000 余年的古墓——古南越国王墓终于慢慢展现出来。墓主身披金缕玉衣，腰悬十字剑，胸前的龙钮金印刻着四个刚劲的小篆"文帝行玺"。金印表明了墓主的身份，他竟是南越国武帝赵佗的孙子赵眜。史书中的记载得到了验证，中国的秦汉史和南方地区的历史进程由此被改写。

与中原王朝抗衡

　　南越国又称为南越或南粤，是存在于岭南地区的汉朝境内的割据政权，国都位于番禺（今广州市）。前 204 年左右，南海郡尉赵佗起兵兼并桂林郡和象郡，建立南越国，自称"南越武王"。前 196 年和前 179 年，南越国曾先后两次臣属于西汉，成为西汉的"外臣"。前 112 年，南越国末代君主赵建德与西汉发生战争，被汉武帝于前 111 年所灭。南越国共存在 93 年，历经 5 代君主。

　　西汉初期，由于政权刚刚建立，国家经过多年兵荒马乱，百姓生活劳顿困苦，没有力量用军事手段来对付南越国。刘邦听取大臣的意见，派遣大夫陆贾出使南越。在陆贾的劝说下，南越王赵佗接受了汉高祖赐予的南越王印绶，臣服汉朝。此后，南越国和汉朝互派使者，互相通市。

　　就在南越国和汉朝融洽地相处之时，一个人物的出现打破了这和平的局面。这个人就是中国历史上鼎鼎大名的女政治家——吕后。吕后掌控政权后，开始和南越交恶。她禁止向南越国出售铁器，以防止南越国在兵器上的制造。得知此事后，赵佗火冒三丈，立即宣布脱离汉朝，并出兵攻打汉朝的长沙国。赵佗本是武将出身，治兵颇有一套方法，所以南越国的军士刚一出兵就势如破竹，攻下了汉朝的几个城池。

吕后得知前线失利的消息后，也是十分气恼。于是就派遣经验丰富、谋略过人的大将隆虑侯周灶前去攻打南越。可是，事与愿违，北方地区的士兵不适应南越一带炎热潮湿的气候，纷纷得病，战争还没有开始就败下阵来。后来，和南越国打了几仗，都没有得到便宜，所以攻打南越国的事情也就逐渐束之高阁了。

中原大国都奈何不了这小小的南越国，赵佗从此更是趾高气扬，不可一世。一些见风使舵的小国家如南方地区的闽越、西瓯和骆越等都纷纷归属，南越的领地范围扩张至顶峰时期。见到小的国家纷纷归顺，南越王赵佗更是开心不已，他还宣称自己是皇帝，四处发号施令，与汉朝中央政权相对立。

面对不可一世的赵佗，汉文帝开始对南越采用怀柔政策，他派人修复了赵佗先人在中原的墓地，并设置守墓人每年按时祭祀，给赵佗仍活着的家族兄弟赏赐官职和财物。汉文帝派遣曾多次出使南越的陆贾再次出使南越，说服赵佗归汉。赵佗深知汉朝势力强大，南越地区土薄民少，无法和中央政权抗衡，于是去帝号归复汉朝，仍称"南越王"。

赵佗去世后，王位传于他的孙子赵眜。赵眜统治南越12年，一直对汉朝俯首帖耳，南越国也得以和汉朝通商互市、友好相处。赵眜死后，他曾在汉朝入质的儿子赵婴齐继位。赵婴齐在没去长安之前，曾经在南越娶了当地女子为妻，并生了长子赵建德，赵婴齐去长安后，又娶了邯郸樛家的女儿做妻子，生了儿子赵兴。赵婴齐继承南越王位后，立妻子樛氏为王后，赵兴为太子，汉武帝批准了他的请求，此举舍长立幼，为将来南越国之乱种下了祸根。

赵兴继承王位后，其母亲樛氏当上了太后，汉武帝派安国少季出使南越，前去告谕赵兴和樛太后。此时的赵兴还很年轻，樛太后是中原人，丞相吕嘉曾经辅助过三位南越王，宗族在南越当官的有70多人，南越国的实权掌握在他手中。

樛太后在没有嫁给赵婴齐时，曾与安国少季私通，安国少季来南越后，他

244

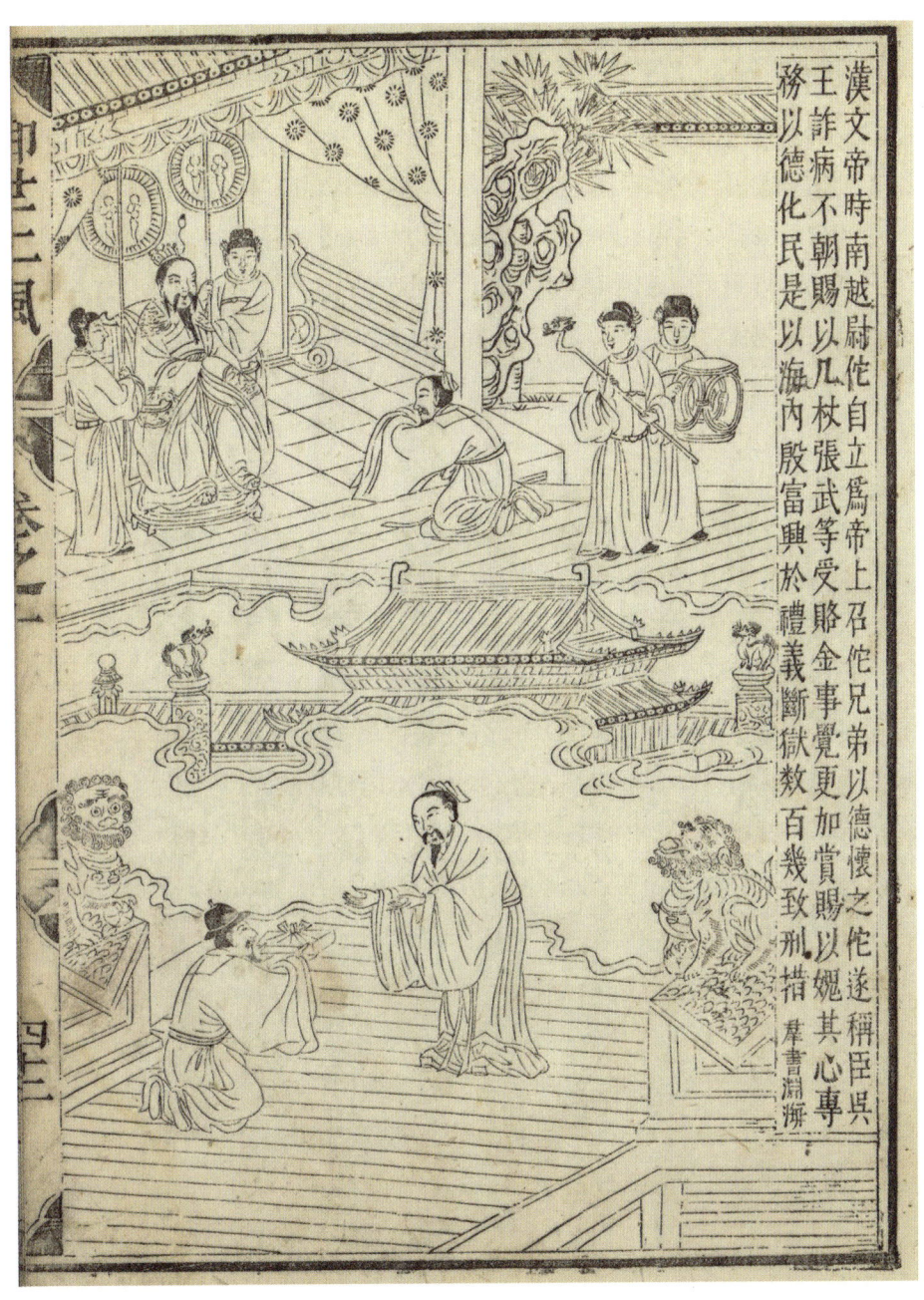

漢文帝時南越尉佗自立爲帝上召佗兄弟以德懷之佗遂稱臣吳
王詐病不朝賜以几杖張武等受賂金事覺更加賞賜以媿其心專
務以德化民是以海內殷富興於禮義斷獄數百幾致刑措 犀書淵海

南越王赵佗向汉文帝称臣，选自《御世仁风》

245

们旧情复燃，重温旧梦。而且，这对男女对于此事似乎毫不避讳，在人们心中造成了极坏的影响，一时间，人们议论纷纷。开始，这二人还不以为意，可是后来面对舆论，他们就有些坐不住了。于是赵兴和樛太后安排了一个酒宴，宴请汉朝使者安国少季和吕嘉，想借汉使之力来杀死吕嘉等人。在宴席中，安国少季犹豫不决，最终没敢动手，吕嘉见形势不妙随即起身出宫逃走了。

汉武帝得到了南越国政权危机四伏的消息，出奇兵 10 万人，兵分五路进攻南越。南越这个小国早已不是赵佗在世时的模样，所以很快就亡国了……

南越王墓到底有多豪华

南越王墓是迄今岭南地区发现的规模最大、保存完好、随葬品最丰富的一座汉墓，也是我国考古发现的最早彩绘石室墓，对了解和研究秦汉时期岭南地区经济、政治、文化的发展具有非常重要的意义。

据史书记载，前 111 年汉朝军队平南越时，放火焚烧了南越国都城。此后，南越国首都遗址荡然无存，南越国的历史也就此在考古学上成为空白，史学家研究南越国，就只有依靠史料记载，根本无从考证真伪。

20 世纪 70 年代，有关南越国的考古遗址不断被发现。1983 年，震惊世界的南越国王墓出土。南越王墓位于广州解放北路象岗山上，是南越国第二代王赵眜的陵墓，距今已有 2000 多年的历史。赵眜在位期间称南越文帝，死后谥号"南越文王"。这一时期，南越国名为汉朝藩属，实则保持独立王国的地位。

赵眜墓位于象岗山腹心深处，墓室埋藏在岗顶之下 20 米深的地方，用500 多块红砂岩大石筑成，分前后两部分，中设 2 道石门，前部 3 室，后部 4 室。墓主赵眜遗骸置于墓室后部正中，以一棺一椁入殓。墓主身着玉衣，两侧共置有 10 把铁剑，并有"文帝行玺"金印等印鉴 9 枚和大批精美的玉雕饰品随葬。室内外还发现 15 具殉人残骸，当为赵眜的姬妾隶役等。墓中出土文物品类繁多，共 1000 多件，其中以雕镂精美的各种玉器和具有汉、楚、越文化特色的青铜器最为珍贵。

南越王墓出土的实用屏风器形硕大，结构奇巧，是我国考古首次发现的最早、最大的漆木屏风。中间的屏门可以向外开启，两侧可以展开呈 90 度。屏风上部装饰有青铜鎏金朱雀和双面兽顶饰，上插羽毛；下部有鎏金人操蛇托座，独具岭南特色。屏风上绘有红、黑两色的卷云纹图案，绚丽多彩。在当时制作如此精美的屏风非常不易，由此可见南越王生前生活之奢华。

南越王墓出土的丝缕玉衣由 2291 块玉片用丝线穿系和麻布粘贴编缀而成，是我国迄今所见的年代最早的一套形制完备的丝缕玉衣，又是从未见于文献和考古发现的新品种。它比世人熟知的河北中山靖王刘胜的金缕玉衣还要早 10 年左右，是南越国统治者崇玉观念和厚葬习俗的反映。

南越王墓中出土的银盒和金花泡在造型、文饰和制造工艺上具有西亚金银器的特点；5 支原支象牙为非洲象牙；铜熏炉和乳香来自东南亚。这是岭南地区发现的最早一批舶来品，是 2000 多年前广州作为中国古代"海上丝绸之路"起点的重要物证。

南越王墓中出土的蓝色透明平板玻璃，镶嵌在长方形铜框牌饰中，这是迄今我国考古发现的最早的平板玻璃，对研究中国古代玻璃制造业的发展有重要意义。平板玻璃作为一种装饰品使用，其珍贵程度可想而知。而同一时期，西罗马帝国已掌握了用吹制法制造各种实用玻璃器皿的技术。

在出土的船纹提筒上有四组船纹，船上有扬起的风帆、戴羽冠的武士、裸体的俘虏、满载的战利品，以及古代越族部落象征权力的铜鼓等，船的周围以及船底还绘有海龟、海鱼和海鸟，反映的是一支大型古越人船队在战争结束后凯旋的场景。这是目前考古发现的规模最大、最为完备的海船图形，对"海上丝绸之路"的研究具有相当重要的意义。

图书在版编目（CIP）数据

消逝古国：寻觅古国废墟的中华文明 / 胡岳潭著 .
-- 北京：台海出版社，2020.8（2022.12 重印）

ISBN 978-7-5168-2630-0

Ⅰ.①消… Ⅱ.①胡… Ⅲ.①古国—历史—中国—通
俗读物 Ⅳ.① K220.9

中国版本图书馆 CIP 数据核字（2020）第 095867 号

消逝古国：寻觅古国废墟的中华文明

著　　者：胡岳潭

出 版 人：蔡　旭　　　　　　　　　装帧设计：新华尤品
责任编辑：徐　玥

出版发行：台海出版社
地　　址：北京市东城区景山东街 20 号　　邮政编码：100009
电　　话：010-64041652（发行，邮购）
传　　真：010-84045799（总编室）
网　　址：www.taimeng.org.cn/thcbs/default.htm
E - m a i l：thcbs@126.com

经　　销：全国各地新华书店
印　　刷：三河市嘉科万达彩色印刷有限公司
本书如有破损、缺页、装订错误，请与本社联系调换

开　　本：710 毫米 ×1000 毫米　　　1/16
字　　数：243 千字　　　　　　　　印　　张：16
版　　次：2020 年 8 月第 1 版　　　印　　次：2022 年 12 月第 8 次印刷
书　　号：ISBN 978-7-5168-2630-0

定　　价：68.00 元